頼みの綱

光村の国語

場面でわかる！ ことわざ・慣用句・四字熟語の使い分け 1

人がら編

性格・評価

みなさんは、ことわざや慣用句《かんようく》、四字熟語《よじじゅくご》をたくさん知《し》っていることでしょう。
では、それらのことばを作文《さくぶん》や発表《はっぴょう》などで使《つか》ったことはありますか。

このシリーズでは、意味《いみ》の似《に》ていることわざや慣用句《かんようく》、四字熟語《よじじゅくご》を集《あつ》めて紹介《しょうかい》しています。
自分《じぶん》の表現《ひょうげん》したい場面《ばめん》から探《さが》せるので、ことばを見《み》つけたいときにたいへん便利《べんり》です。

第一巻《だいいっかん》には、人物《じんぶつ》の性格《せいかく》やその人《ひと》の評価《ひょうか》を表《あらわ》すのに役立《やくだ》つことばを収録《しゅうろく》しています。
正直《しょうじき》でまっすぐ、曲《ま》がったことが嫌《きら》いな性格《せいかく》の友達《ともだち》を誰《だれ》かに紹介《しょうかい》したいと思《おも》ったとき、
この本《ほん》を見《み》れば、「竹《たけ》を割《わ》ったよう」のようなぴったりなことばがすぐに見《み》つかります。

ことわざや慣用句《かんようく》、四字熟語《よじじゅくご》をふだんから使《つか》えるようになると、
文章《ぶんしょう》を読《よ》み解《と》く力《ちから》がつくだけでなく、表現《ひょうげん》の幅《はば》がぐんと広《ひろ》がります。
この本《ほん》で使《つか》い方《かた》をマスターして、豊《ゆた》かな表現力《ひょうげんりょく》を身《み》につけましょう。

光村教育図書

光村の国語

場面《ばめん》でわかる！ ことわざ・慣用句《かんようく》・四字熟語《よじじゅくご》の使《つか》い分《わ》け❶

人《ひと》がら編《へん》 性格《せいかく》・評価《ひょうか》

目次《もくじ》

徹底《てってい》していることを表《あらわ》すことば……50
飽《あ》きっぽいことを表《あらわ》すことば……52
頑固《がんこ》なことを表《あらわ》すことば……54
強引《ごういん》なことを表《あらわ》すことば……56
勝手《かって》でずうずうしいことを表《あらわ》すことば……58
いばっていることを表《あらわ》すことば……60
索引《さくいん》……62～63

かっぱフレンズ
ことばの使《つか》い方《かた》のこつを解説《かいせつ》するよ！
かっぱイエロー
かっぱパープル
かっぱグリーン
かっぱピンク
かっぱブルー
かっぱオレンジ

この本《ほん》のきまり

この本《ほん》では、意味《いみ》の似《に》ている「ことわざ」「慣用句《かんよう》」「四字熟語《よじじゅくご》」を集《あつ》め、用例《ようれい》とイラストで使《つか》い方《かた》を示《しめ》しています。自分《じぶん》の伝《つた》えたいことを表《あらわ》すのにぴったりなことばを探《さが》したり、ことばの使《つか》い方《かた》を確《たし》かめたりするときなどに使《つか》うと便利《べんり》です。

この本《ほん》では、次《つぎ》のような記号《きごう》やマークが使《つか》われています。

明朗快活《めいろうかいかつ》 四字熟語 ……見出《みだ》し語《ご》

ことわざ……ことわざ

四字熟語……四字熟語《よじじゅくご》

慣用句……慣用句《かんようく》

故事成語……故事成語《こじせいご》

意味……見出《みだ》し語《ご》の意味《いみ》

例……見出《みだ》し語《ご》の使《つか》い方《かた》の例《れい》

一語《いちご》で……その場面《ばめん》で使《つか》える一語《いちご》のことば

達人《たつじん》ことば……意味《いみ》を知《し》っておきたい少《すこ》し難《むずか》しいことば

英語《えいご》にチャレンジ……見出《みだ》し語《ご》と似《に》た意味《いみ》を表《あらわ》す英語《えいご》のことわざ

ことわざ　慣用句《かんようく》　四字熟語《よじじゅくご》

表現《ひょうげん》ステップアップ

レッスン1

明《あか》るい人《ひと》がらを表《あらわ》すにはどんな表現《ひょうげん》があるのかな？

「明《あか》るくのびのびしていることを表《あらわ》すことば」→12ページ

明《あか》るい人《ひと》がらを表《あらわ》すことばには、他《ほか》にもこんなものがあるよ。
くったくがない
自由奔放《じゆうほんぽう》
明朗快活《めいろうかいかつ》
坂口《さかぐち》さんのお兄《にい》さんにはどれが当《あ》てはまるかな？
え〜と…
フムフム…
新小学国語辞典
明朗快活《めいろうかいかつ》
これでどうでしょう！
明《あか》るく朗《ほが》らかで、元気《げんき》な様子《ようす》かぁ。お兄《にい》ちゃんにぴったりだよ。
こんにちは！
こんにちは
元気だねー
でしょー
明朗快活《めいろうかいかつ》
天真爛漫《てんしんらんまん》
こんなふうに、ぴったりな慣用句《かんようく》や四字熟語《よじじゅくご》を見《み》つけて使《つか》うことで、伝《つた》えたいイメージや様子《ようす》をよりよく相手《あいて》に伝《つた》えることができるのよ。
ふふん♡
私《わたし》はこれだね！
自由奔放《じゆうほんぽう》
なになに〜
自分《じぶん》の思《おも》うままにふるまい、明《あか》るくあっけらかんとした様子《ようす》……。
ええっ！
なになに？
きて〜!!
いいこと思いついたの!!
自分《じぶん》にはふつう使《つか》わないんだけど……。
やれやれ
確《たし》かにいつも振《ふ》り回《まわ》されてばかりだよ。

似《に》た意《い》味《み》のことわざ、よりぴったりなのはどっち？

「慎重《しんちょう》なことを表《あらわ》すことば」→48ページ

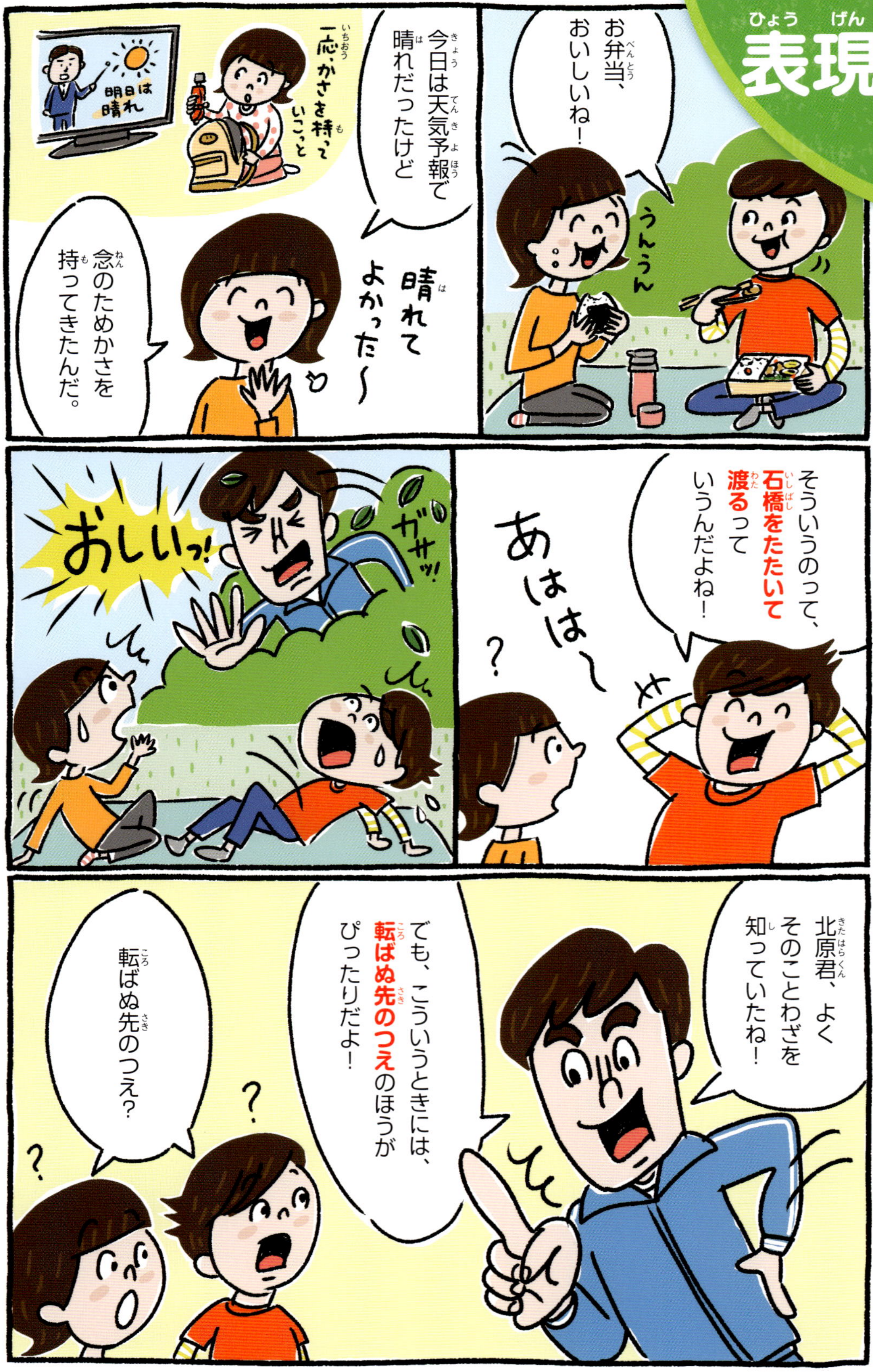

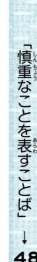

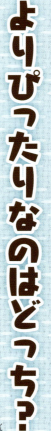

どちらも慎重《しんちょう》に物事《ものごと》を行《おこな》うという意味《いみ》だけど、石橋《いしばし》をたたいて渡《わた》るは用心《ようじん》しすぎなほど用心《ようじん》する様子《ようす》を表《あらわ》すんだ。

頑丈《がんじょう》そうだけど…

大丈夫《だいじょうぶ》か?

信《しん》じていいのか?

へえ〜!

慎重《しんちょう》なのね〜

転《ころ》ばぬ先《さき》のつえは、転《ころ》ばないように用心《ようじん》してつえを持《も》つことで、失敗《しっぱい》に前《まえ》もって備《そな》える様子《ようす》を表《あらわ》すよ。

バスが遅《おく》れたときには…

徒歩《とほ》で…

電車か…

雨《あめ》が降《ふ》ったときに備《そな》えて、かさを持《も》ってきたのなら、こっちのほうがぴったりこない?

確《たし》かに!

他《ほか》にも、注意《ちゅうい》したうえにさらに注意《ちゅうい》して、慎重《しんちょう》に物事《ものごと》を行《おこな》う様子《ようす》を表《あらわ》す
念《ねん》には念《ねん》を入《い》れるということばもあるよ。

おぼえておこう!!

似《に》た意味《いみ》のことばでもぴったりとくる場面《ばめん》が異《こと》なることがあるから、注意《ちゅうい》して選《えら》ぶようにしようね!

はい!!

はい!!

実《じつ》は…

もしものために他《ほか》にもいろいろ持《も》ってきたんだけど、
エヘヘ…

石橋《いしばし》をたたいて渡《わた》るようなものだったかな……。

念《ねん》には念《ねん》を入《い》れたんだね……。

ズラ〜リ
すご〜い

ことわざ　慣用句《かんようく》　四字熟語《よじじゅくご》

表現《ひょうげん》ステップアップ

レッスン3

慣用句《かんようく》や四字熟語《よじじゅくご》で人物《じんぶつ》にキャッチフレーズをつけよう!

へえ〜
剣《けん》にかけては右《みぎ》に出《で》る者《もの》がない
キャッチフレーズみたいで、かっこいい！
天《てん》下《か》無《む》敵《てき》の剣《けん》士《し》!!
人《ひと》がらを表《あらわ》す慣《かん》用《よう》句《く》や四《よ》字《じ》熟《じゅく》語《ご》はたくさんあるよ。ひとことでその人《ひと》のことを表《あらわ》せておもしろいよね。
試《ため》しにこの本《ほん》の中《なか》から、友達《ともだち》や家族《かぞく》にぴったりのことばを探《さが》して、キャッチフレーズをつけてみよう！
ふむ ふむ
じゃあ…
うんうん
なんでもてきぱきとこなす学級《がっきゅう》委員長《いいんちょう》のことは、頭《あたま》が切《き》れる徳田君《とくだくん》！
徳田くん
委員長ー！
はいっ！
どんな相手《あいて》にもひるまない大胆不敵《だいたんふてき》な小林《こばやし》さん！
小林さん
いい感《かん》じ
ピッタリね
ごめん…
またがんばろう！
中野くん
いつも優《やさ》しくて思《おも》いやりのある、温厚篤実《おんこうとくじつ》な中野君《なかのくん》！
足《あし》の速《はや》さは折《お》り紙《がみ》つきの弟《おとうと》に……
1位《い》だー
ワー ワー
泣《な》く子《こ》も黙《だま》る迫力《はくりょく》のお母《かあ》さん……。
宿題《しゅくだい》は終《お》わったの!?
い、今からやります！
ビクッ！
田山君《たやまくん》にとっては、絶対《ぜったい》にかなわないほど怖《こわ》い存在《そんざい》なんだね……。

正《ただ》しいことばを選《えら》んで進《すす》もう！

ことわざ・慣用句《かんようく》★迷路《めいろ》

❶と❷のうち、内容《ないよう》に合《あ》っているほうを選《えら》んで迷路《めいろ》を進《すす》もう！

スタート！

1

あまりにも難《むずか》しくて、途中《とちゅう》で諦《あきら》めた。

❶さじを投《な》げる
❷幅《はば》を利《き》かせる

←❶
←❷

2

兄《あに》は、ひたすら自分《じぶん》ではないと言《い》い続《つづ》けている。

❶一点張《いってんば》り
❷押《お》しも押《お》されもしない

❶→
←❷

3

妹《いもうと》の料理《りょうり》はなかなかうまくならないが、焦《あせ》らずに見守《みまも》ろう。

❶急《いそ》がば回《まわ》れ
❷長《なが》い目《め》で見《み》る

←❶
←❷

4

小川《おがわ》さんは、どんなときでも落《お》ち着《つ》いている。

❶ 面《つら》の皮《かわ》が厚《あつ》い

❷ 肝《きも》が据《す》わる

5

守備力《しゅびりょく》が高《たか》いチームに攻撃力《こうげきりょく》のある彼《かれ》が入《はい》れば、優勝《ゆうしょう》はまちがいない。

❶ 短気《たんき》は損気《そんき》

❷ 鬼《おに》に金棒《かなぼう》

6

裏方《うらかた》として、劇《げき》の成功《せいこう》を支《ささ》えた。

❶ 縁《えん》の下《した》の力持《ちからも》ち

❷ 器《うつわ》が大《おお》きい

7

姉《あね》は、何度《なんど》も持《も》ち物《もの》の確認《かくにん》をしている。

❶ 股《また》にかける

❷ 念《ねん》には念《ねん》を入《い》れる

答《こた》え：1① 2① 3② 4② 5② 6① 7②

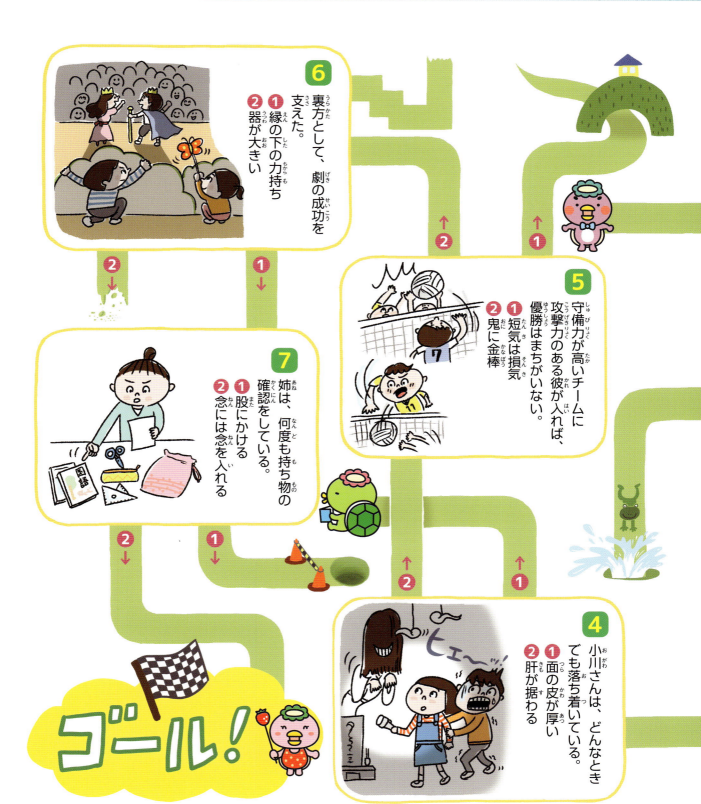

1 明《あか》るくのびのびしていることを表《あらわ》すことば

明朗快活《めいろうかいかつ》 四字熟語

意味　明《あか》るく朗《ほが》らかで、生《い》き生《い》きと元気《げんき》な様子《ようす》。

例　実行委員《じっこういいん》の明朗快活《めいろうかいかつ》な様子《ようす》に、クラス中《じゅう》が活気《かっき》づいた。

例　兄《あに》は、ボランティア活動《かつどう》で明朗快活《めいろうかいかつ》な姿《すがた》を見《み》せている。

「明朗《めいろう》」には、はっきりしていてごまかしがないという意味《いみ》もあるよ。

天真爛漫《てんしんらんまん》 四字熟語

意味　無邪気《むじゃき》で明《あか》るく、飾《かざ》り気《け》のない様子《ようす》。

例　天真爛漫《てんしんらんまん》に歌《うた》って踊《おど》る妹《いもうと》の姿《すがた》を見《み》て、思《おも》わずほほえんだ。

例　幼《おさな》い子《こ》どもたちの天真爛漫《てんしんらんまん》な笑顔《えがお》を写真《しゃしん》に撮《と》る。

あまりに無邪気《むじゃき》で、なんだか憎《にく》めないような様子《ようす》を表《あらわ》すときにも使《つか》うよ。

一語《いちご》で

朗《ほが》らか　陽気《ようき》　はつらつ　無邪気《むじゃき》

くったくがない 慣用句

意味 こだわりがなく、心配《しんぱい》したり気《き》にかけたりすることがない様子《ようす》。

例 失敗《しっぱい》しても、くったくがない様子《ようす》の関口君《せきぐちくん》を見《み》て、思《おも》わず笑《わら》ってしまった。

例 幼稚園児《ようちえんじ》のくったくがない笑顔《えがお》に、その場《ば》が和《なご》んだ。

まめちしき

「くったく」とは、あることを気《き》にして、くよくよすることを表《あらわ》します。漢字《かんじ》では「屈託《くったく》」と書《か》きます。

自由奔放《じゆうほんぽう》 四字熟語

意味 人《ひと》の目《め》や常識《じょうしき》などを気《き》にしないで、自分《じぶん》の思《おも》うままにふるまう様子《ようす》。

例 弟《おとうと》は、遊園地《ゆうえんち》を自由奔放《じゆうほんぽう》にかけ回《まわ》った。

例 自由奔放《じゆうほんぽう》なおじは、突然旅《とつぜんたび》に出《で》てはふらりと帰《かえ》ってくる。

まめちしき

「自由《じゆう》」のつく四字熟語《よじじゅくご》には、次《つぎ》のようなものがあります。

自由自在《じゆうじざい》 意味 思《おも》いどおりにできる様子《ようす》。 例 ヨットを自由自在《じゆうじざい》に操《あやつ》る。

自由闊達《じゆうかったつ》 意味 おおらかで、物事《ものごと》にこだわらない様子《ようす》。 例 私《わたし》の学校《がっこう》は、自由闊達《じゆうかったつ》な校風《こうふう》で知《し》られている。

□に当《あ》てはまるものを選《えら》ぼう！

選手代表《せんしゅだいひょう》が、□な様子《ようす》で選手宣誓《せんしゅせんせい》を行《おこな》った。

① 明朗快活《めいろうかいかつ》　② 自由奔放《じゆうほんぽう》

→答《こた》えは15ページ

2 おおらかで人《ひと》がいいことを表《あらわ》すことば

懐《ふところ》が深《ふか》い 慣用句

意味 心《こころ》が広《ひろ》くて、包容力《ほうようりょく》がある様子《ようす》。

例 中島《なかじま》さんは、人《ひと》の失敗《しっぱい》を笑《わら》って受《う》け止《と》める**懐《ふところ》が深《ふか》い**人《ひと》だ。

例 加藤君《かとうくん》は**懐《ふところ》が深《ふか》く**、みんなからの相談《そうだん》に快《こころよ》く応《おう》じている。

まめちしき

「懐《ふところ》」は、和服《わふく》を着《き》たときの着物《きもの》と胸《むね》の間《あいだ》の部分《ぶぶん》のことを指《さ》します。そこから、心《こころ》の広《ひろ》さや人《ひと》を受《う》け入《い》れる力《ちから》などの意《い》味《み》を表《あらわ》すようになりました。

器《うつわ》が大《おお》きい 慣用句

意味 あることをするための、能力《のうりょく》や人《ひと》がらが優《すぐ》れている様子《ようす》。

例 みんなを引《ひ》っ張《ぱ》るキャプテンには、**器《うつわ》が大《おお》きい**西川君《にしかわくん》がぴったりだ。

例 いつも心《こころ》に余裕《よゆう》をもつ春野《はるの》さんは、**器《うつわ》が大《おお》きく**細《こま》かいことをあまり気《き》にしない。

「器《うつわ》」は、仕事《しごと》や地位《ちい》にふさわしい能《のう》力《りょく》の大《おお》きさを表《あらわ》しているんだ。ふさわしくないことを指《さ》して「彼《かれ》は委員長《いいんちょう》の器《うつわ》ではない。」のようにも使《つか》うよ。

一語《いちご》で

寛大《かんだい》　寛容《かんよう》　太《ふと》っ腹《ぱら》　悠長《ゆうちょう》

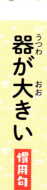

気立《きだ》てがいい 慣用句

意味 生《う》まれつきの性格《せいかく》や心《こころ》のもち方《かた》がいい様《よう》子《す》。

例 愛想《あいそ》がよくて親切《しんせつ》な姉《あね》は、**気立《きだ》てがいい**と近所《きんじょ》で評判《ひょうばん》だ。

例 高橋《たかはし》さんは**気立《きだ》てがよく**、周囲《しゅうい》への心配《こころくば》りを欠《か》かさない。

お金《かね》や品物《しなもの》をもったいぶらずに使《つか》ったりあげたりする様子《ようす》を表《あらわ》す「気前《きまえ》がいい」ということばもあるよ。

達人《たつじん》ことば

温厚篤実《おんこうとくじつ》 四字熟語

意味 人《ひと》がらが穏《おだ》やかで誠実《せいじつ》な様子《ようす》。

例 ぼくの祖父《そふ》は**温厚篤実《おんこうとくじつ》**で、地域《ちいき》の人《ひと》から慕《した》われている。

例 **温厚篤実《おんこうとくじつ》**な山川《やまかわ》さんは、学校《がっこう》の代表《だいひょう》にふさわしい人《ひと》だ。

まめちしき

「温厚《おんこう》」は人《ひと》がらが穏《おだ》やかな様子《ようす》を、「篤実《とくじつ》」は思《おも》いやりがあって誠実《せいじつ》な様子《ようす》を表《あらわ》すことばです。両方《りょうほう》の性質《せいしつ》を合《あ》わせもつ人《ひと》のことを「温厚篤実《おんこうとくじつ》」と表《あらわ》します。

［　］に当《あ》てはまるものを選《えら》ぼう！

おばは［　］、どんな意見《いけん》も受《う》け止《と》めてくれる。

① 懐《ふところ》が深《ふか》く　② 気立《きだ》てがよく

→答《こた》えは17ページ

13ページの答《こた》え

① 明朗快活《めいろうかいかつ》

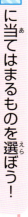

3 考《かんが》え方《かた》が柔軟《じゅうなん》なことを表《あらわ》すことば

一語《いちご》で

柔《やわ》らかい　柔軟《じゅうなん》　しなやか

頭《あたま》が柔《やわ》らかい 慣用句

意味 考《かんが》え方《かた》が柔軟《じゅうなん》で、その場《ば》の状況《じょうきょう》に合《あ》わせて適切《てきせつ》な判断《はんだん》ができる様子《ようす》。

例 この暗号《あんごう》が解《と》けたなんて、なんと頭《あたま》が柔《やわ》らかいことだ。

例 大原《おおはら》さんは頭《あたま》が柔《やわ》らかく、広《ひろ》い視野《しや》をもっている。

反対《はんたい》の意味《いみ》のことばは「頭《あたま》が固《かた》い」だよ。柔軟《じゅうなん》な考《かんが》え方《かた》ができない頑固《がんこ》な様子《ようす》を表《あらわ》すよ。

臨機応変《りんきおうへん》 四字熟語

意味 その場《ば》の状況《じょうきょう》に合《あ》わせて、やり方《かた》を変《か》えること。

例 登山《とざん》では、天候《てんこう》の変化《へんか》に合《あ》わせて臨機応変《りんきおうへん》に行動《こうどう》することが大切《たいせつ》だ。

例 下級生《かきゅうせい》の予想外《よそうがい》の質問《しつもん》に、臨機応変《りんきおうへん》に答《こた》える。

「臨機応変《りんきおうへん》」は、その場《ば》に合《あ》わせて柔軟《じゅうなん》にやり方《かた》を変《か》えること。「頭《あたま》が柔《やわ》らかい」人《ひと》は「臨機応変《りんきおうへん》」に行動《こうどう》できるんだね。

融通《ゆうずう》を利《き》かせる 慣用句

意味 その場《ば》の状況《じょうきょう》に合《あ》わせて、適切《てきせつ》な対応《たいおう》や処理《しょり》をする。

例 会場《かいじょう》は満席《まんせき》だったが、融通《ゆうずう》を利《き》かせて立《た》ち見席《みせき》を設《もう》けてくれた。

例 病院《びょういん》に、予約《よやく》の時間《じかん》に遅《おく》れそうだと連絡《れんらく》したら、融通《ゆうずう》を利《き》かせて変更《へんこう》してくれた。

「融通《ゆうずう》が利《き》く」という言《い》い方《かた》もあるよ。反対《はんたい》に、どんな状況《じょうきょう》でも一《ひと》つの考《かんが》えや方法《ほうほう》にこだわって対応《たいおう》を変《か》えないことは、「融通《ゆうずう》が利《き》かない」というんだ。

機転《きてん》が利《き》く 慣用句

意味 その場《ば》の状況《じょうきょう》に合《あ》わせて、とっさに頭《あたま》がはたらく。

例 破《やぶ》れた衣装《いしょう》をスカーフで隠《かく》すとは、機転《きてん》が利《き》いている。

「機転《きてん》を利《き》かせる」ということもあるよ。「道《みち》が混《こ》んでいたので、機転《きてん》を利《き》かせて公園《こうえん》を通《とお》り抜《ぬ》けた。」のように使《つか》うよ。

[　　]に当《あ》てはまるものを選《えら》ぼう！

そんなことを思《おも》いつくなんて、西島《にしじま》さんはとても[　　]。

① 頭《あたま》が柔《やわ》らかい　② 臨機応変《りんきおうへん》だ

→答《こた》えは19ページ

15ページの答《こた》え
① 懐《ふところ》が深《ふか》く

4 賢《かしこ》いことを表《あらわ》すことば

頭《あたま》が切《き》れる　慣用句

意味 頭《あたま》のはたらきが鋭《するど》く、問題《もんだい》をすばやく解《かい》決《けつ》できる。

例 小林君《こばやしくん》は頭《あたま》が切《き》れるので、クイズ大会《たいかい》の代表《だいひょう》に適任《てきにん》だ。

例 数々《かずかず》の問題《もんだい》を解決《かいけつ》してきた田中《たなか》さんは、頭《あたま》が切《き》れると評判《ひょうばん》だ。

例 すぐに解決策《かいけつさく》を思《おも》いつくとは、なんと頭《あたま》が切《き》れる人《ひと》だ。

「頭《あたま》が切《き》れる」ことを「頭《あたま》の回転《かいてん》が速《はや》い」ともいうよ。

打《う》てば響《ひび》く　慣用句

意味 はたらきかけると、すぐ理解《りかい》して的確《てきかく》に反応《はんのう》する。

例 発表者《はっぴょうしゃ》は、会場《かいじょう》からの質問《しつもん》に打《う》てば響《ひび》くように答《こた》えた。

例 広田《ひろた》さんに相談《そうだん》すると、打《う》てば響《ひび》くかのような答《こた》えが返《かえ》ってきた。

まめちしき

たたいたらすぐに音《おと》が鳴《な》る太鼓《たいこ》や鐘《かね》のように、何《なに》かをしたらすぐに返事《へんじ》や反応《はんのう》が返《かえ》ってくる様子《ようす》を表《あらわ》しています。

一語《いちご》で

利口《りこう》　賢明《けんめい》　聡明《そうめい》　利発《りはつ》　さとい

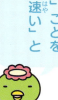

一《いち》を聞《き》いて十《じゅう》を知《し》る

故事成語

意味　一部分《いちぶぶん》を聞《き》けば全部《ぜんぶ》が理解《りかい》できるほど、頭《あたま》がいいこと。

例　話《はなし》を少《すこ》し聞《き》いただけで、何《なに》があったかを理解《りかい》した西野君《にしのくん》は、まさに一《いち》を聞《き》いて十《じゅう》を知《し》るだ。

例　人《ひと》の上《うえ》に立《た》つには、一《いち》を聞《き》いて十《じゅう》を知《し》る力《ちから》が必要《ひつよう》だ。

まめちしき

「一《いち》を聞《き》いて十《じゅう》を知《し》る」と同《おな》じく非常《ひじょう》に賢《かしこ》いことを表《あらわ》す「目《め》から鼻《はな》へ抜《ぬ》ける」は、目《め》（視覚《しかく》）と鼻《はな》（嗅覚《きゅうかく》）が連動《れんどう》して優《すぐ》れたはたらきをすることから、判断《はんだん》がすばやくて賢《かしこ》いことを表《あらわ》します。

英語《えいご》にチャレンジ　A word to the wise is enough.　賢《かしこ》い人《ひと》にはひとことで十分《じゅうぶん》だ。

要領《ようりょう》がいい

慣用句

意味　物事《ものごと》をうまくやるこつを知《し》っていて、手際《てぎわ》よくこなす様子《ようす》。

例　妹《いもうと》は要領《ようりょう》がいいので、すぐに宿題《しゅくだい》を終《お》わらせて遊《あそ》びに行《い》った。

例　あれだけあった用事《ようじ》を全部《ぜんぶ》午前中《ごぜんちゅう》に終《お》わらせるなんて、山里《やまさと》さんは要領《ようりょう》がいい。

「要領《ようりょう》がいい」は、手《て》を抜《ぬ》いたりごまかしたりするのがうまい様子《ようす》を表《あらわ》す場合《ばあい》にも使《つか》うよ。他《ほか》の人《ひと》のことを表《あらわ》すときは注意《ちゅうい》しよう。

☆ ＿＿ に当《あ》てはまるものを選《えら》ぼう！

兄《あに》は ＿＿ ので、あっという間《ま》にプラモデルを作《つく》り終《お》えた。

① 打《う》てば響《ひび》く　② 要領《ようりょう》がいい

→答《こた》えは21ページ

17ページの答《こた》え

① 頭《あたま》が柔《やわ》らかい

5 才《さい》能《のう》があることを表《あらわ》すことば

一語《いちご》で
優秀《ゆうしゅう》
抜群《ばつぐん》
有能《ゆうのう》
秀逸《しゅういつ》
傑出《けっしゅつ》

群《ぐん》を抜《ぬ》く 慣用句

意味 多《おお》くの中《なか》で飛《と》び抜《ぬ》けて優《すぐ》れている。

例 本橋君《もとはしくん》の将棋《しょうぎ》の腕前《うでまえ》は、クラブの中《なか》でも群《ぐん》を抜《ぬ》いている。

例 クラスの中《なか》で、山下《やました》さんは群《ぐん》を抜《ぬ》いて足《あし》が速《はや》い。

「群《ぐん》」は、むれや集《あつ》まりのこと。ある集《あつ》まりの中《なか》で、他《ほか》と比《くら》べて優《すぐ》れているときに使《つか》うよ。

まめちしき

「群《ぐん》を抜《ぬ》く」と同《おな》じ漢字《かんじ》を使《つか》った「抜群《ばつぐん》」も、飛《と》び抜《ぬ》けてよいことを表《あらわ》します。

異彩《いさい》を放《はな》つ 慣用句

意味 多《おお》くの中《なか》で際立《きわだ》って見《み》える。他《ほか》と異《こと》なり、優《すぐ》れて見《み》える。

例 長野《ながの》さんの絵《え》は、展覧会《てんらんかい》で異彩《いさい》を放《はな》っていた。

例 その歌手《かしゅ》は、デビュー当初《とうしょ》から異彩《いさい》を放《はな》つ存在《そんざい》だった。

まめちしき

「異彩《いさい》」とは、他《ほか》とは異《こと》なった色彩《しきさい》のことです。そこから、とくに芸術《げいじゅつ》の才能《さいのう》などに優《すぐ》れていて、他《ほか》と比《くら》べて目立《めだ》つときに使《つか》うようになりました。

「異彩《いさい》」と似《に》た意味《いみ》の「異色《いしょく》」は、「異色《いしょく》の経歴《けいれき》のもち主《ぬし》」など、他《ほか》とは変《か》わっていて珍《めずら》しいことを表《あらわ》します。

隅《すみ》に置《お》けない 慣用句

意味 思《おも》いのほか才能《さいのう》や知識《ちしき》などがあり、油断《ゆだん》できない。

例 ギターが弾《ひ》けることを黙《だま》っていたとは、和田《わだ》さんも隅《すみ》に置《お》けない人《ひと》だ。

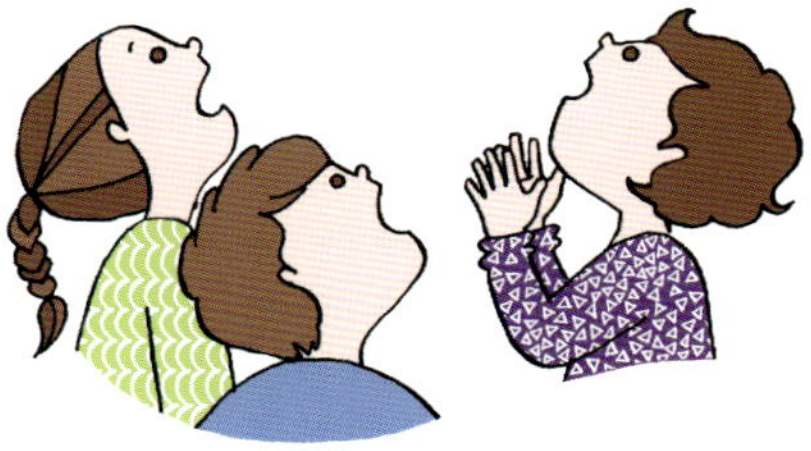

例 バレンタインデーにいくつもチョコレートをもらうなんて、竹中君《たけなかくん》も隅《すみ》に置《お》けない。

「今《いま》までは気《き》がつかなかったけれど、案外《あんがい》やるなあ。」と思《おも》ったときに使《つか》うといいよ。

粒《つぶ》が揃《そろ》う 慣用句

意味 集《あつ》まったものの質《しつ》がみな高《たか》く、優《すぐ》れたものが揃《そろ》っている様子《ようす》。

例 このチームのレギュラーは、粒《つぶ》が揃《そろ》っている。

例 今年《ことし》の写真《しゃしん》コンクールへの応募作品《おうぼさくひん》は粒《つぶ》が揃《そろ》っている。

たくさんのものの大《おお》きさや形《かたち》が均《きん》一《いっ》に揃《そろ》って整《ととの》っていることから、質《しつ》の良《よ》さを表《あらわ》すようになったんだね。「粒揃《つぶぞろ》い」ともいうよ。

□に当《あ》てはまるものを選《えら》ぼう！

福田《ふくだ》さんの平泳《ひらおよ》ぎのタイムは、学年《がくねん》の中《なか》でも□いる。

① 群《ぐん》を抜《ぬ》いて　② 粒《つぶ》が揃《そろ》って

→答《こた》えは23ページ

19ページの答《こた》え

② 要領《ようりょう》がいい

6

完璧《かんぺき》なことを表《あらわ》すことば

一語《いちご》で
完全《かんぜん》　パーフェクト　見事《みごと》　圧倒的《あっとうてき》

完全無欠《かんぜんむけつ》 四字熟語

意味 欠点《けってん》や短所《たんしょ》が全《まった》くないこと。

例 宮原君《みやはらくん》は、一《ひと》つの弱点《じゃくてん》もない**完全無欠《かんぜんむけつ》**な人物《じんぶつ》だ。

例 兄《あに》は、走攻守揃《そうこうしゅそろ》った**完全無欠《かんぜんむけつ》**の野球選手《やきゅうせんしゅ》を目指《めざ》している。

例 世《よ》の中《なか》に**完全無欠《かんぜんむけつ》**な人《ひと》などいない。

「完全《かんぜん》」も「無欠《むけつ》」も、欠《か》けているところがないことだよ。何《なに》をやっても完璧《かんぺき》な人《ひと》を表《あらわ》すときに使《つか》ってみよう。

非《ひ》の打《う》ち所《どころ》がない 慣用句

意味 優《すぐ》れていて欠点《けってん》が何《なに》もない様子《ようす》。

例 **非《ひ》の打《う》ち所《どころ》がない**スピーチに、惜《お》しみない拍手《はくしゅ》を送《おく》った。

例 野島君《のじまくん》の発表《はっぴょう》は、いつも堂々《どうどう》としていて**非《ひ》の打《う》ち所《どころ》がない**。

完璧《かんぺき》で、不平《ふへい》や不満《ふまん》をいう余地《よち》がないことを表《あらわ》すことばに「文句《もんく》なし」があるよ。「秋山《あきやま》さんの提案《ていあん》に、文句《もんく》なしに賛成《さんせい》する。」などのように使《つか》うんだ。

右《みぎ》に出《で》る者《もの》がない　慣用句

意味　最《もっと》も優《すぐ》れていて、それ以上《いじょう》の人《ひと》がいない様子《ようす》。

例　けん玉《だま》のうまさでは、学校《がっこう》で大矢君《おおやくん》の右《みぎ》に出《で》る者《もの》がない。

例　計算《けいさん》の速《はや》さにかけては、クラスで山口《やまぐち》さんの右《みぎ》に出《で》る者《もの》がない。

まめちしき

昔《むかし》の中国《ちゅうごく》では、左《ひだり》よりも右《みぎ》のほうが位《くらい》が高《たか》いと考《かんが》えられていました。右《みぎ》に人《ひと》がいないということは、その人《ひと》がいちばん右《みぎ》で、最《もっと》も優《すぐ》れているということを表《あらわ》しているのです。

□に当《あ》てはまるものを選《えら》ぼう！

電車《でんしゃ》に関《かん》する知識《ちしき》では、小野君《おのくん》の□。

① 右《みぎ》に出《で》る者《もの》がない　② 非《ひ》の打《う》ち所《どころ》がない

→答《こた》えは25ページ

足元《あしもと》にも及《およ》ばない　慣用句

意味　相手《あいて》が優《すぐ》れていて、比《くら》べものにならない様子《ようす》。

例　シュートの正確《せいかく》さという点《てん》で、私《わたし》は原田君《はらだくん》の足元《あしもと》にも及《およ》ばない。

例　ぼくの書道《しょどう》の腕前《うでまえ》は、祖母《そぼ》の足元《あしもと》にも及《およ》ばない。

相手《あいて》がすごすぎてかなわないということ。他《ほか》に「歯《は》が立《た》たない」「太刀打《たちう》ちできない」などのことばもあるよ。

21ページの答《こた》え

① 群《ぐん》を抜《ぬ》いて

7 印象《いんしょう》に残《のこ》ることを表《あらわ》すことば

一語《いちご》で
目立《めだ》つ　際立《きわだ》つ　印象的《いんしょうてき》

目《め》を奪《うば》われる　慣用句

意味 あまりの美《うつく》しさやすごさなどに見《み》とれて夢中《むちゅう》になる。

例 遠《とお》くに見《み》える美《うつく》しい海《うみ》に目《め》を奪《うば》われた。

例 庭《にわ》に咲《さ》く一輪《いちりん》の花《はな》に目《め》を奪《うば》われる。

例 女優《じょゆう》の迫真《はくしん》の演技《えんぎ》が、観客《かんきゃく》の目《め》を奪《うば》った。

「目《め》を奪《うば》われる」は、何《なに》かを見《み》て強《つよ》く心《こころ》を引《ひ》きつけられたときに使《つか》うよ。「心《こころ》を奪《うば》われる」といってもいいね。

釘《くぎ》づけになる　慣用句

意味 その場《ば》から動《うご》けなくなる。

例 竹山君《たけやまくん》の見事《みごと》なダンスに、みんなの目《め》が釘《くぎ》づけになった。

例 ショーウインドーにすてきなドレスを見《み》つけて、その場《ば》に釘《くぎ》づけになった。

衝撃《しょうげき》が強《つよ》くて、釘《くぎ》で打《う》ちつけられたように動《うご》きが止《と》まってしまうときに使《つか》うんだ。

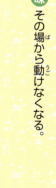

人目《ひとめ》を引《ひ》く 慣用句

意味 目立《めだ》って、人々《ひとびと》の注目《ちゅうもく》を集《あつ》める。

例 姉《あね》の真《ま》っ赤《か》なワンピース姿《すがた》は、人《ひと》ごみの中《なか》でもひときわ**人目《ひとめ》を引《ひ》いた**。

例 小《こ》がらなおばあさんが、大《おお》きな犬《いぬ》を散歩《さんぽ》させている姿《すがた》は、**人目《ひとめ》を引《ひ》いて**いた。

目立《めだ》つ様子《ようす》を表《あらわ》す似《に》た意味《いみ》のことばに、「目《め》につく」や「人目《ひとめ》につく」などもあるよ。

耳《みみ》に残《のこ》る 慣用句

意味 聞《き》いた声《こえ》や音《おと》などが記憶《きおく》に残《のこ》る。

例 先生《せんせい》が励《はげ》ましてくれたことばが、今《いま》でも**耳《みみ》に残《のこ》って**いる。

例 昨日《きのう》聞《き》いたテレビコマーシャルの音楽《おんがく》が**耳《みみ》に残《のこ》って**いる。

風景《ふうけい》など目《め》で見《み》たことが印象《いんしょう》に残《のこ》ることは、「目《め》に焼《や》きつく」というんだ。

[　　　]に当《あ》てはまるものを選《えら》ぼう!

雄大《ゆうだい》な富士山《ふじさん》を描《えが》いた絵画《かいが》に、たくさんの人《ひと》が[　　　]。

① 人目《ひとめ》を引《ひ》いた　② 釘《くぎ》づけになった

→答《こた》えは27ページ

23ページの答《こた》え

① 右《みぎ》に出《で》る者《もの》がない

8 上達《じょうたつ》して実力《じつりょく》があることを表《あらわ》すことば

板《いた》につく

慣用句

意味　動作《どうさ》や身《み》ぶりが、地位《ちい》や仕事《しごと》などにぴったり合《あ》ってくる。

例　野口君《のぐちくん》は、体育委員長《たいいくいいんちょう》の仕事《しごと》がすっかり**板《いた》についてき**た。

例　料理《りょうり》を始《はじ》めて半年《はんとし》がたち、私《わたし》の包丁《ほうちょう》さばきも**板《いた》についてき**た。

まめちしき

「板《いた》」とは、板《いた》で作《つく》った舞台《ぶたい》のことです。役者《やくしゃ》が経験《けいけん》を積《つ》んで芸《げい》が上達《じょうたつ》すると、舞台《ぶたい》にぴったり合《あ》うようになることから、「板《いた》につく」という表現《ひょうげん》が使《つか》われるようになりました。

腕《うで》を上《あ》げる

慣用句

意味　スポーツや芸《げい》などが前《まえ》よりうまくなる。上達《じょうたつ》する。

例　和太鼓《わだいこ》の**腕《うで》を上《あ》げた**兄《あに》は、祭《まつ》りで大活躍《だいかつやく》した。

例　最近《さいきん》、姉《あね》はお菓子作《かしづく》りの**腕《うで》を上《あ》げた**。

「腕《うで》」とは腕前《うでまえ》のことを表《あらわ》しているんだ。反対《はんたい》の意味《いみ》のことばは「腕《うで》を落《お》とす」だよ。

一語《いちご》で

上手《じょうず》　熟達《じゅくたつ》　熟練《じゅくれん》　達者《たっしゃ》　巧《たく》み

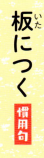

磨《みが》きがかかる 慣用句

意味　練習《れんしゅう》や修業《しゅぎょう》を積《つ》んで、技術《ぎじゅつ》や芸《げい》などがさらに優《すぐ》れたものになる。

例　本番《ほんばん》が近《ちか》づき、主役《しゅやく》の演技《えんぎ》に**磨《みが》きがかかって**きた。

例　上級生《じょうきゅうせい》と練習《れんしゅう》したことで、柔道《じゅうどう》の技《わざ》にいちだんと**磨《みが》きがかかった**。

うまくなるように自《みずか》ら努力《どりょく》することを表《あらわ》す、「磨《みが》きをかける」という表現《ひょうげん》もよく使《つか》われるよ。

頭角《とうかく》を現《あらわ》す 慣用句 故事成語

意味　優《すぐ》れた技能《ぎのう》や才能《さいのう》が現《あらわ》れ出《で》てきて、目立《めだ》つようになる。

例　バドミントンを始《はじ》めた竹内《たけうち》さんは、めきめきと**頭角《とうかく》を現《あらわ》した**。

例　あの選手《せんしゅ》は、夏《なつ》の大会《たいかい》で早《はや》くも**頭角《とうかく》を現《あらわ》し**始《はじ》めた。

「頭角《とうかく》」は、頭《あたま》の先《さき》のことだよ。大勢《おおぜい》の中《なか》で、頭《あたま》の先《さき》を他《ほか》より高《たか》く出《だ》して目立《めだ》っている様子《ようす》を表《あらわ》したことばだね。

☐に当《あ》てはまるものを選《えら》ぼう！

コンクールを前《まえ》に、上野《うえの》さんの歌唱力《かしょうりょく》にますます☐きた。

① 磨《みが》きがかかって　② 頭角《とうかく》を現《あらわ》して

→答《こた》えは29ページ

25ページの答《こた》え
② 釘《くぎ》づけになった

9 勢《いきお》いがあることを表《あらわ》すことば

波《なみ》に乗《の》る 慣用句

意味 その時代《じだい》の勢《いきお》いに乗《の》って、調子《ちょうし》がよくなる。

例 強豪校《きょうごうこう》に勝《か》ったことで波《なみ》に乗《の》り、とうとう大会《たいかい》で優勝《ゆうしょう》した。

例 おじの経営《けいえい》する会社《かいしゃ》は、時代《じだい》の波《なみ》に乗《の》って急成長《きゅうせいちょう》した。

まめちしき

「波《なみ》に乗《の》る」と同《おな》じように、物事《ものごと》が調子《ちょうし》よく進《すす》むことを表《あらわ》すことばに「追《お》い風《かぜ》を受《う》ける」「順風満帆《じゅんぷうまんぱん》」があります。どちらも、船《ふね》が後《うし》ろから風《かぜ》を受《う》けて順調《じゅんちょう》に進《すす》む様子《ようす》を表《あらわ》したことばです。

飛《と》ぶ鳥《とり》を落《お》とす勢《いきお》い 慣用句

意味 権力《けんりょく》や勢力《せいりょく》がたいへんに盛《さか》んな様子《ようす》。

例 去年《きょねん》デビューしたアイドルの人気《にんき》は、飛《と》ぶ鳥《とり》を落《お》とす勢《いきお》いだ。

例 新《あたら》しくできたケーキ屋《や》さんは、飛《と》ぶ鳥《とり》を落《お》とす勢《いきお》いで売《う》り上《あ》げを伸《の》ばしている。

飛《と》んでいる鳥《とり》さえも圧倒《あっとう》されて地面《じめん》に落《お》ちてしまうほど勢《いきお》いがあるということだね。

一語《いちご》で

快調《かいちょう》　好調《こうちょう》　絶好調《ぜっこうちょう》　上《のぼ》り調子《ちょうし》

破竹《はちく》の勢《いきお》い

慣用句　故事成語

意味　止《と》めようとしても止《と》められないほど勢《いきお》いがある様子《ようす》。

例　大下君《おおしたくん》は、大会《たいかい》を破竹《はちく》の勢《いきお》いで勝《か》ち進《すす》んだ。

例　新《あたら》しく発売《はつばい》されたゲームが、破竹《はちく》の勢《いきお》いで売《う》れている。

まめちしき

竹《たけ》が、初《はじ》めのひと節《ふし》を割《わ》る（破《やぶ》る）と、あとは一気《いっき》に勢《いきお》いよく割《わ》れることから、激《はげ》しい勢《いきお》いを表《あらわ》すのに使《つか》われるようになりました。

達人《たつじん》ことば

流《なが》れに棹《さお》さす

慣用句

意味　棹《さお》を使《つか》って勢《いきお》いよく川《かわ》の流《なが》れを下《くだ》るように、物事《ものごと》が思《おも》いどおりに進《すす》む。

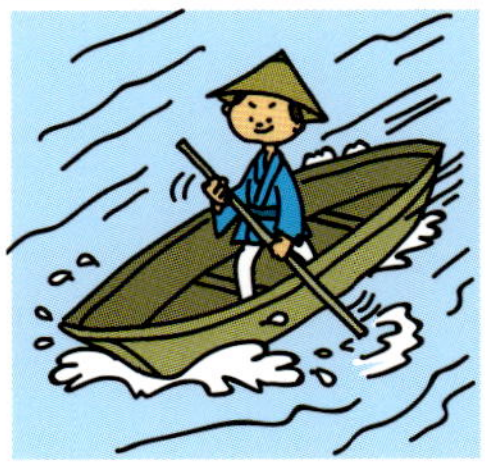

例　評判《ひょうばん》のパン屋《や》さんが雑誌《ざっし》で紹介《しょうかい》され、流《なが》れに棹《さお》さすようにますます繁盛《はんじょう》した。

例　連戦連勝《れんせんれんしょう》の流《なが》れに棹《さお》さすかのように、力《ちから》のある選手《せんしゅ》が加入《かにゅう》してきた。

「流《なが》れに逆《さか》らって勢《いきお》いを失《うしな》わせる」という意味《いみ》で使《つか》われることも多《おお》いけれど、本来《ほんらい》の使《つか》い方《かた》とは違《ちが》うよ。

［　　］に当《あ》てはまるものを選《えら》ぼう！

先取点《せんしゅてん》を挙《あ》げたことでチームが［　　］、終《お》わってみれば大差《たいさ》で勝利《しょうり》した。

① 波《なみ》に乗《の》り　② 流《なが》れに棹《さお》さし

→答《こた》えは31ページ

27ページの答《こた》え

① 磨《みが》きがかかって

10 活躍《かつやく》していることを表《あらわ》すことば

名《な》をあげる 慣用句

意味 有名《ゆうめい》になる。

例 ぼくの夢《ゆめ》は、漫画家《まんがか》として名《な》をあげることだ。

例 田山君《たやまくん》は、全国大会《ぜんこくたいかい》ですばらしい活躍《かつやく》をして名《な》をあげた。

同《おな》じような意味《いみ》を表《あらわ》す「名《な》」を使《つか》ったことばに、「名《な》を成《な》す」「名《な》をはせる」などもあるよ。

脚光《きゃっこう》を浴《あ》びる 慣用句

意味 世《よ》の中《なか》の人々《ひとびと》から注目《ちゅうもく》される。

例 彼《かれ》は、若《わか》くして文学賞《ぶんがくしょう》を受賞《じゅしょう》して脚光《きゃっこう》を浴《あ》びた。

例 森田君《もりたくん》は、文化祭《ぶんかさい》で美《うつく》しい歌声《うたごえ》を披露《ひろう》したことで、一躍《いちやく》脚光《きゃっこう》を浴《あ》びた。

「脚光《きゃっこう》」とは、舞台《ぶたい》のライトのことだよ。注目《ちゅうもく》されることを舞台《ぶたい》のライトにたとえて「脚光《きゃっこう》を浴《あ》びる」というんだ。「スポットライトを浴《あ》びる」ともいうよ。

一語《いちご》で

有名《ゆうめい》 著名《ちょめい》 健闘《けんとう》 奮闘《ふんとう》 快進撃《かいしんげき》

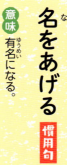

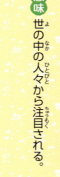

股《また》にかける

慣用句

意味 あちこちを歩《ある》き回《まわ》って活躍《かつやく》する。

例 将来《しょうらい》は、世界《せかい》を**股《また》にかけて**活躍《かつやく》するジャーナリストになりたい。

例 日本各地《にほんかくち》を**股《また》にかける**彼《かれ》の活躍《かつやく》には、目《め》を見張《みは》るものがある。

まめちしき

ある目的《もくてき》のためにあちこちを忙《いそが》しく走《はし》り回《まわ》ることを表《あらわ》す「東奔西《とうほんせい》走《そう》」という四字熟語《よじじゅくご》もあります。「運動会《うんどうかい》の準備《じゅんび》に東奔西走《とうほんせいそう》する。」などのように使《つか》います。

一《ひと》つの場所《ばしょ》だけでなく、広《ひろ》い範囲《はんい》で活躍《かつやく》する様子《ようす》を表《あらわ》すことばだね。

★ □に当《あ》てはまるものを選《えら》ぼう！

彼女《かのじょ》の演奏《えんそう》は見事《みごと》だと、世界中《せかいじゅう》から□いる。

① 股《また》にかけて　② 脚光《きゃっこう》を浴《あ》びて

↓答《こた》えは33ページ

押《お》しも押《お》されもしない

慣用句

意味 その地位《ちい》にふさわしいと、誰《だれ》もが実力《じつりょく》を認《みと》めている様子《ようす》。

例 **押《お》しも押《お》されもしない**エースの登場《とうじょう》に、観客席《かんきゃくせき》がわいた。

例 子《こ》どものころからピアノが得意《とくい》だった姉《あね》は、今《いま》では**押《お》しも押《お》されもしない**世界的《せかいてき》なピアニストになった。

「押《お》しも押《お》されもせぬ」ともいうよ。

29ページの答《こた》え

① 波《なみ》に乗《の》り

11 高《たか》く評価《ひょうか》されていることを表《あらわ》すことば

眼鏡《めがね》にかなう　慣用句

意味　目上《めうえ》の人《ひと》に高《たか》く評価《ひょうか》され、気《き》に入《い》られる。

例　オーディションでの演技《えんぎ》が審査員《しんさいん》の眼鏡《めがね》にかない、主役《しゅやく》に抜擢《ばってき》された。

例　新人《しんじん》の関根君《せきねくん》は、監督《かんとく》の眼鏡《めがね》にかなう逸材《いつざい》だった。

例　厳《きび》しい料理長《りょうりちょう》の眼鏡《めがね》にかなうような食材《しょくざい》は、なかなか見《み》つからなかった。

目上《めうえ》の人《ひと》が目下《めした》の人《ひと》を評価《ひょうか》することを表《あらわ》し、それ以外《いがい》には使《つか》わないよ。

太鼓判《たいこばん》を押《お》す　慣用句

意味　絶対《ぜったい》にまちがいないと保証《ほしょう》する。

例　姉《あね》の料理《りょうり》の腕前《うでまえ》に、太鼓判《たいこばん》を押《お》す。

例　剣道《けんどう》の実力《じつりょく》は、師範《しはん》からも太鼓判《たいこばん》を押《お》されている。

「太鼓判《たいこばん》」とは、太鼓《たいこ》のような大《おお》きなはんこのことだよ。「太鼓判《たいこばん》」を押《お》された人《ひと》や物《もの》は、その実力《じつりょく》や価値《かち》が認《みと》められているということなんだ。

一語《いちご》で
好評《こうひょう》　高評価《こうひょうか》　名高《なだか》い　人気《にんき》

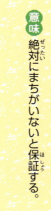

箔《はく》がつく

慣用句

意味 値打《ねう》ちが高《たか》くなる。貫禄《かんろく》がつく。

例 高山君《たかやまくん》は、バイオリンのコンクールで入賞《にゅうしょう》して、いっそう箔《はく》がついた。

例 海外《かいがい》チームで三年間活躍《さんねんかんかつやく》したことで、彼《かれ》の経歴《けいれき》に箔《はく》がついた。

「箔《はく》」は、金箔《きんぱく》など装飾《そうしょく》に使《つか》うもののこと。すばらしい業績《ぎょうせき》や経歴《けいれき》によって評価《ひょうか》が上《あ》がることを、金箔《きんぱく》で飾《かざ》る様子《ようす》にたとえた言《い》い方《かた》だよ。

折《お》り紙《がみ》つき

慣用句

意味 優《すぐ》れている、確《たし》かであると保証《ほしょう》されること。

例 田所《たどころ》さんの字《じ》のうまさは、折《お》り紙《がみ》つきだ。

例 宮田君《みやたくん》は折《お》り紙《がみ》つきの真面目《まじめ》な人物《じんぶつ》だ。

まめちしき

昔《むかし》、美術品《びじゅつひん》などには鑑定書《かんていしょ》として二《ふた》つ折《お》りにした紙《かみ》がついていました。そこから、品質《ひんしつ》が保証《ほしょう》されていることを「折《お》り紙《がみ》つき」というようになりました。

権威《けんい》や地位《ちい》のある人《ひと》から保証《ほしょう》されることを、「お墨《すみ》つき」ともいうよ。

［　　］に当《あ》てはまるものを選《えら》ぼう！

村田《むらた》さんはクラスの代表《だいひょう》として申《もう》し分《ぶん》ないと、みんなが［　　］。

① 太鼓判《たいこばん》を押《お》した　② 眼鏡《めがね》にかなった

→答《こた》えは35ページ

31ページの答《こた》え

② 脚光《きゃっこう》を浴《あ》びて

12 ゆったりとかまえる様子《ようす》を表《あらわ》すことば

一語《いちご》で
気長《きなが》　余裕《よゆう》　のんき　おっとり

気《き》が長《なが》い　慣用句

意味　のんびりしている様子《ようす》。せかせかしない様子《ようす》。

例　石田君《いしだくん》は気《き》が長《なが》く、魚《さかな》が釣《つ》れるのを朝《あさ》からずっと待《ま》っている。

例　百年《ひゃくねん》かけて砂漠《さばく》を緑地《りょくち》に変《か》えようとは、ずいぶんと気《き》が長《なが》い計画《けいかく》だ。

のんびりした様子《ようす》の中《なか》でも、とくに世間《せけん》のわずらわしいことから離《はな》れて、自分《じぶん》の思《おも》うままゆったりと過《す》ごすことは、「悠々自適《ゆうゆうじてき》」というよ。

短気《たんき》は損気《そんき》　ことわざ

意味　短気《たんき》を起《お》こすと、結局《けっきょく》は自分《じぶん》が損《そん》をするということ。

例　短気《たんき》は損気《そんき》、焦《あせ》るとまちがえるので、落《お》ち着《つ》いて編《あ》もう。

例　怒《おこ》って席《せき》を立《た》ちかけたが、短気《たんき》は損気《そんき》だと、ぐっと我慢《がまん》した。

焦《あせ》って行動《こうどう》すると失敗《しっぱい》しやすいという意味《いみ》のことわざに「せいては事《こと》を仕損《しそん》じる」があるよ。

英語《えいご》にチャレンジ　Haste makes waste.　急《いそ》げば無駄《むだ》が出《で》る。

長《なが》い目《め》で見《み》る

慣用句

意味 今《いま》の様子《ようす》だけで判断《はんだん》しないで、時間《じかん》をかけて成《な》り行《ゆ》きを見守《みまも》る。

例 弟《おとうと》はなかなか上達《じょうたつ》しないが、**長《なが》い目《め》で見《み》て**じっくり教《おし》えよう。

例 **長《なが》い目《め》で見《み》れば**、基礎《きそ》をしっかり身《み》につけるほうがよい。

例 少《すこ》し高《たか》くてもよいものを買《か》うほうが、**長《なが》い目《め》で見《み》る**と得《とく》だ。

達人《たつじん》ことば

あしたはあしたの風《かぜ》が吹《ふ》く

ことわざ

意味 先《さき》のことを心配《しんぱい》せずに、成《な》り行《ゆ》きに任《まか》せていこうということ。

例 今日《きょう》は負《ま》けてしまったが、**あしたはあしたの風《かぜ》が吹《ふ》く**というから、また一《いち》から頑張《がんば》ろう。

例 うまくできる自信《じしん》はないが、**あしたはあしたの風《かぜ》が吹《ふ》く**というから、なんとかなるだろう。

まめちしき

明日《あす》になれば今日《きょう》とは状況《じょうきょう》が変《か》わるから、過《す》ぎたことや未来《みらい》のことを思《おも》い悩《なや》んでも仕方《しかた》がないということを表《あらわ》しています。アメリカの映画《えいが》『風《かぜ》と共《とも》に去《さ》りぬ』のせりふが元《もと》になっています。

英語《えいご》にチャレンジ Tomorrow is another day. 明日《あす》は別《べつ》の日《ひ》だ。

［　　］に当《あ》てはまるものを選《えら》ぼう！

今日《きょう》はうまくいかなかったけれど、［　　］というからくじけずまたやってみよう。

① 短気《たんき》は損気《そんき》　② あしたはあしたの風《かぜ》が吹《ふ》く

→答《こた》えは37ページ

33ページの答《こた》え

① 太鼓判《たいこばん》を押《お》した

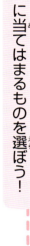

13 どんとかまえる様子《ようす》を表《あらわ》すことば

物《もの》ともせず 慣用句

意味 危険《きけん》や困難《こんなん》などを問題《もんだい》にしない様子《ようす》。

例 寒《さむ》さを物《もの》ともせず、元気《げんき》に公園《こうえん》で遊《あそ》ぶ。

例 兄《あに》は足《あし》のけがを物《もの》ともせず、見事《みごと》なシュートを決《き》めた。

まめちしき

似《に》た意味《いみ》のことばには、次《つぎ》のようなものがあります。

びくともしない 慣用句

意味 何《なに》が起《お》きようと、動《うご》いたり揺《ゆ》らいだりしない様子《ようす》。

例 この岩《いわ》は強《つよ》く押《お》してもびくともしない。

例 彼《かれ》の決意《けつい》は固《かた》く、何《なん》と言《い》われようともびくともしない。

痛《いた》くもかゆくもない 慣用句

意味 少《すこ》しも苦痛《くつう》を感《かん》じない。全《まった》く影響《えいきょう》がない。

例 やましいことはないので、どんなに疑《うたが》われようと痛《いた》くもかゆくもない。

例 雨具《あまぐ》を着《き》ているので、少《すこ》しくらい雨《あめ》が降《ふ》っても痛《いた》くもかゆくもない。

何《なに》を言《い》われたりされたりしても全《まった》く平気《へいき》で何《なん》ともない様子《ようす》だね。

一語《いちご》で

平気《へいき》 平然《へいぜん》 平静《へいせい》 冷静《れいせい》 沈着《ちんちゃく》

英語《えいご》にチャレンジ

Like water off a duck's back.

アヒルの背中《せなか》を水《みず》が流《なが》れるように何《なに》も感《かん》じない。

涼《すず》しい顔《かお》 慣用句

意味 自分《じぶん》に関係《かんけい》があるのに、関係《かんけい》ないような顔《かお》をしてすましている様子《ようす》。

例 弟《おとうと》は、いたずらを注意《ちゅうい》されても涼《すず》しい顔《かお》をしている。

例 騒動《そうどう》の原因《げんいん》となっているのに、本人《ほんにん》はいたって涼《すず》しい顔《かお》をしている。

「何食《なにく》わぬ顔《かお》」も似《に》た意味《いみ》で使《つか》えるよ。何《なに》も食《た》べていないような顔《かお》のことで、自分《じぶん》は無関係《むかんけい》だと平然《へいぜん》としている様子《ようす》を表《あらわ》すんだ。

達人《たつじん》ことば

泰然自若《たいぜんじじゃく》 四字熟語

意味 落《お》ち着《つ》いていて、驚《おどろ》いたり慌《あわ》てたりしない様子《ようす》。

例 どんなときでも泰然自若《たいぜんじじゃく》としているリーダーは、とても頼《たの》もしい。

例 突然《とつぜん》の停電《ていでん》でみんなが慌《あわ》てる中《なか》、祖父《そふ》は泰然自若《たいぜんじじゃく》としていた。

「泰然《たいぜん》」と「自若《じじゃく》」は、どちらも落《お》ち着《つ》いていて慌《あわ》てない様子《ようす》を表《あらわ》すんだ。「冷静沈着《れいせいちんちゃく》」ということばも同《おな》じような意味《いみ》を表《あらわ》すよ。

☐に当《あ》てはまるものを選《えら》ぼう！

弟《おとうと》は、私《わたし》のおやつをつまみ食《ぐ》いしておきながら、☐テレビを見《み》ている。

① 物《もの》ともせずに　② 涼《すず》しい顔《かお》で

→答《こた》えは39ページ

35ページの答《こた》え

② あしたはあしたの風《かぜ》が吹《ふ》く

14 大胆《だい たん》で度胸《ど きょう》があることを表《あらわ》すことば

大胆不敵《だいたんふてき》 四字熟語

意味 大胆《だいたん》で敵《てき》を敵《てき》とも思《おも》わない様子《ようす》。怖《こわ》いものを知《し》らない様子《ようす》。

例 たった一人《ひとり》で敵陣《てきじん》に切《き》り込《こ》むとは、大胆不敵《だいたんふてき》な作戦《さくせん》だ。

例 キャプテンは優勝候補《ゆうしょうこうほ》を前《まえ》にして、大胆不敵《だいたんふてき》な笑《え》みを浮《う》かべた。

「大胆不敵《だいたんふてき》」な様子《ようす》を、「怖《こわ》いものなし」「怖《こわ》いもの知《し》らず」ともいうよ。

肝《きも》が据《す》わる 慣用句

意味 どんなことにも、慌《あわ》てたりびくびくしたりしない。度胸《どきょう》がある。

例 相田《あいだ》さんは肝《きも》が据《す》わっているので、プレッシャーのかかる場面《ばめん》でも顔色《かおいろ》一《ひと》つ変《か》えない。

例 プロの前《まえ》で堂々《どうどう》とした歌声《うたごえ》を披露《ひろう》するなんて、小西《こにし》さんは肝《きも》が据《す》わっている。

似《に》た意味《いみ》のことばに「腹《はら》が据《す》わる」があるよ。「腹《はら》」も「肝《きも》」も、物事《ものごと》に立《た》ち向《む》かう気力《きりょく》や度胸《どきょう》のことを表《あらわ》すんだ。

一語《いちご》で

思《おも》い切《き》った　勇敢《ゆうかん》　勇猛《ゆうもう》　豪胆《ごうたん》

物《もの》おじしない

意味 怖《こわ》がってびくびくしたり、不安《ふあん》に感《かん》じてためらったりしない様子《ようす》。

例 社交的《しゃこうてき》な妹《いもうと》は、初対面《しょたいめん》の人《ひと》にも**物《もの》おじしない**で話《はな》しかける。

例 橋本君《はしもとくん》は、大勢《おおぜい》の前《まえ》でも**物《もの》おじしない**で堂々《どうどう》と司会《しかい》をしている。

例 兄《あに》は**物《もの》おじしない**性格《せいかく》で、新《あたら》しいことに何《なん》でもチャレンジする。

「物《もの》おじ」は、漢字《かんじ》では「物怖《ものお》じ」と書《か》くよ。物《もの》事《ごと》を怖《こわ》がることだね。

心臓《しんぞう》が強《つよ》い　慣用句

意味 普通《ふつう》の人《ひと》ならためらうようなことを平気《へいき》でやってのけて、けろりとしている様子《ようす》。

例 **心臓《しんぞう》が強《つよ》い**姉《あね》は、相手《あいて》が誰《だれ》であっても思《おも》ったことをはっきり口《くち》にする。

例 上級生《じょうきゅうせい》に向《む》かって要望《ようぼう》を言《い》うとは、宮本君《みやもとくん》は見《み》かけによらず**心臓《しんぞう》が強《つよ》い**。

「心臓《しんぞう》が強《つよ》い」は、気《き》が強《つよ》く押《お》しが強《つよ》い様子《ようす》を表《あらわ》すことば。厚《あつ》かましい態度《たいど》の人《ひと》に使《つか》うことも多《おお》いよ。

［　　］に当《あ》てはまるものを選《えら》ぼう！

英語《えいご》を学《まな》んでいる兄《あに》は、外国人《がいこくじん》に道《みち》を聞《き》かれても［　　］対応《たいおう》する。

① 大胆不敵《だいたんふてき》に　② 物《もの》おじしないで

↓答《こた》えは41ページ

37ページの答《こた》え
② 涼《すず》しい顔《かお》で

15 強《つよ》いことを表《あらわ》すことば

一語《いちご》で
強力《きょうりょく》 屈強《くっきょう》 強《きょう》じん 手強《てごわ》い

鬼《おに》に金棒《かなぼう》 ことわざ

意味 強《つよ》いものがさらに強《つよ》くなることのたとえ。

例 守備力《しゅびりょく》の抜群《ばつぐん》なチームに強力《きょうりょく》なストライカーが加入《かにゅう》した。まさに鬼《おに》に金棒《かなぼう》だ。

例 前回《ぜんかい》のクイズ大会《たいかい》で優勝《ゆうしょう》したチームに、物知《ものし》りな林田君《はやしだくん》が加《くわ》われば鬼《おに》に金棒《かなぼう》だ。

元《もと》から強《つよ》い鬼《おに》に、武器《ぶき》となる金棒《かなぼう》を持《も》たせたら、ますます強《つよ》くなるよね。

天下無敵《てんかむてき》 四字熟語

意味 世《よ》の中《なか》に全《まった》く敵《てき》がいないほど強《つよ》いこと。

例 負《ま》け知《し》らずの白石《しらいし》さんは、まさに天下無敵《てんかむてき》の選手《せんしゅ》だ。

例 天下無敵《てんかむてき》の柔道家《じゅうどうか》を目指《めざ》して、人一倍《ひといちばい》の努力《どりょく》を重《かさ》ねている。

「無敵《むてき》」に「天下《てんか》」がつくことで、相手《あいて》になるような敵《てき》がいない様子《ようす》をさらに強調《きょうちょう》しているんだよ。

泣《な》く子《こ》も黙《だま》る 慣用句

意味 泣《な》いている子《こ》も泣《な》きやむほど、怖《こわ》い存在《そんざい》であることのたとえ。

例 キャプテンの怒《おこ》った声《こえ》は、泣《な》く子《こ》も黙《だま》るほどの迫力《はくりょく》だった。

例 その映画監督《えいがかんとく》は、泣《な》く子《こ》も黙《だま》る厳《きび》しさで有名《ゆうめい》だ。

その名前《なまえ》を聞《き》いたら、泣《な》いていた子《こ》も泣《な》きやむくらい強《つよ》くて怖《こわ》いんだ。「泣《な》く子《こ》も黙《だま》る名将《めいしょう》」のような形《かたち》で使《つか》うことも多《おお》いよ。

達人《たつじん》ことば

一騎当千《いっきとうせん》 四字熟語

意味 一人《ひとり》で千人《せんにん》を相手《あいて》に戦《たたか》えるほど強《つよ》いこと。

例 兄《あに》の一騎当千《いっきとうせん》の戦《たたか》いぶりで、チームは決勝《けっしょう》へと進《すす》んだ。

例 このチームのメンバーは、一騎当千《いっきとうせん》の実力者《じつりょくしゃ》ばかりだ。

まめちしき

戦《たたか》いでの強《つよ》さを表《あらわ》すことばには、「百戦錬磨《ひゃくせんれんま》」もあります。多《おお》くの戦《たたか》いで鍛《きた》えられ、経験《けいけん》を積《つ》んでいることを表《あらわ》し、「相手《あいて》は全国大会《ぜんこくたいかい》の常連校《じょうれんこう》で、百戦錬磨《ひゃくせんれんま》の選手《せんしゅ》が揃《そろ》っている。」などと使《つか》います。

［　　］に当《あ》てはまるものを選《えら》ぼう！

松本君《まつもとくん》は練習《れんしゅう》の成果《せいか》を発揮《はっき》して、［　　］の活躍《かつやく》を見《み》せた。

① 鬼《おに》に金棒《かなぼう》　② 一騎当千《いっきとうせん》

→答《こた》えは43ページ

39ページの答《こた》え
② 物《もの》おじしないで

16 頼《たの》もしいことを表《あらわ》すことば

縁《えん》の下《した》の力《ちから》持《も》ち　ことわざ

意味　目立《めだ》たないところで、苦労《くろう》して支《ささ》えている人《ひと》。

例　全国大会《ぜんこくたいかい》に出場《しゅつじょう》できたのは、縁《えん》の下《した》の力《ちから》持《も》ちとして支《ささ》えてくれた人《ひと》がいたからだ。

例　飛行機《ひこうき》の整備士《せいびし》は、縁《えん》の下《した》の力持《ちからも》ちともいえる重要《じゅうよう》な仕事《しごと》をしている。

床《ゆか》や縁側《えんがわ》の下《した》にある土台《どだい》がしっかり家《いえ》を支《ささ》えていることから、目立《めだ》たないところで支《ささ》えている人《ひと》を指《さ》すよ。

頼《たの》みの綱《つな》　慣用句

意味　困《こま》ったときに頼《たよ》りになる人《ひと》や物《もの》。

例　外国《がいこく》に住《す》むおばを頼《たの》みの綱《つな》に留学《りゅうがく》する。

例　みんなに反対《はんたい》された今《いま》、頼《たの》みの綱《つな》は姉《あね》だけだ。

例　地図《ちず》だけを頼《たの》みの綱《つな》に、目的地《もくてきち》を目指《めざ》す。

「綱《つな》」は、頼《たよ》りにしてすがるものを表《あらわ》しているんだね。

一語《いちご》で

頼《たよ》りになる　心強《こころづよ》い　安心《あんしん》　安泰《あんたい》

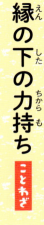

大船《おおぶね》に乗《の》ったよう

慣用句

意味 信頼《しんらい》できるものを手《て》に入《い》れて、安心《あんしん》していられることのたとえ。

例 人望《じんぼう》の厚《あつ》い平川君《ひらかわくん》が応援演説《おうえんえんぜつ》をしてくれるなんて、大船《おおぶね》に乗《の》ったように心強《こころづよ》い。

例 他校《たこう》のエースが助《すけ》っ人《と》に来《き》てくれることになり、大船《おおぶね》に乗《の》ったような気分《きぶん》だ。

「大船《おおぶね》」は「大《おお》きな船《ふね》」のこと。大《おお》きな船《ふね》なら、ひっくり返《かえ》る心配《しんぱい》が少《すく》ないから安心《あんしん》だね。

百人力《ひゃくにんりき》

意味 百人分《ひゃくにんぶん》の力《ちから》があるほど強《つよ》いこと。また、百人《ひゃくにん》の助《たす》けを得《え》たくらい心強《こころづよ》いこと。

例 私《わたし》たちのチームに、小池君《こいけくん》が入《はい》ってくれれば百人力《ひゃくにんりき》だ。

例 明日《あす》は森《もり》へ昆虫採集《こんちゅうさいしゅう》に行《い》くが、虫《むし》に詳《くわ》しい兄《あに》がついているので百人力《ひゃくにんりき》だ。

百人《ひゃくにん》よりももっと多《おお》い「千人力《せんにんりき》」という言《い》い方《かた》もあるよ。

［　　］に当《あ》てはまるものを選《えら》ぼう！

今日《きょう》の調理実習《ちょうりじっしゅう》は、料理上手《りょうりじょうず》な永田君《ながたくん》がいれば［　　］だ。

① 縁《えん》の下《した》の力持《ちからも》ち　② 百人力《ひゃくにんりき》

↓答《こた》えは45ページ

41ページの答《こた》え

② 一騎当千《いっきとうせん》

17 誠実《せいじつ》なことを表《あらわ》すことば

一語《いちご》で
誠実《せいじつ》　実直《じっちょく》　律儀《りちぎ》　真面目《まじめ》

誠心誠意《せいしんせいい》　四字熟語

意味　うそがなく、真心《まごころ》をこめてする様子《ようす》。

例　大事《だいじ》な盆栽《ぼんさい》を折《お》ってしまい、**誠心誠意《せいしんせいい》**謝罪《しゃざい》をした。

例　遠《とお》くから来《き》たお客様《きゃくさま》を、**誠心誠意《せいしんせいい》**もてなす。

「誠心《せいしん》」「誠意《せいい》」のどちらも、真心《まごころ》という意味《いみ》。あることを行《おこな》うときの態度《たいど》を指《さ》して、「誠心誠意《せいしんせいい》」というんだ。

品行方正《ひんこうほうせい》　四字熟語

意味　行《おこな》いが正《ただ》しく、きちんとしている様子《ようす》。

例　姉《あね》の友人《ゆうじん》は、**品行方正《ひんこうほうせい》**な人《ひと》ばかりだ。

例　空手道《からてどう》では、礼儀正《れいぎただ》しいあいさつなど、**品行方正《ひんこうほうせい》**なふるまいを身《み》につけることも大切《たいせつ》だ。

きちんとしていて礼儀正《れいぎただ》しい様子《ようす》を表《あらわ》す、「折《お》り目正《めただ》しい」という慣用句《かんようく》もあるよ。「折《お》り目正《めただ》しいあいさつをする。」のように使《つか》うよ。

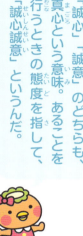

公明正大《こうめいせいだい》

四字熟語

意味　心《こころ》や行《おこな》いが正《ただ》しく、堂々《どうどう》としている様子《ようす》。

例　審判《しんぱん》はプレーに対《たい》し、常《つね》に**公明正大《こうめいせいだい》**な判定《はんてい》を下《くだ》すべきだ。

例　児童会長《じどうかいちょう》の前川君《まえかわくん》は、**公明正大《こうめいせいだい》**な態度《たいど》で周《まわ》りの人《ひと》から信頼《しんらい》されている。

やり方《かた》や態度《たいど》が正《ただ》しく立《りっ》派《ぱ》な様子《ようす》を「正々堂々《せいせいどうどう》」ともいうね。

達人《たつじん》ことば

清廉潔白《せいれんけっぱく》

四字熟語

意味　心《こころ》が清《きよ》らかで欲《よく》がなく、行《おこな》いが正《ただ》しい様子《ようす》。後《うし》ろ暗《ぐら》いことが何《なに》もない様子《ようす》。

例　決《けっ》して曲《ま》がったことをしない村本《むらもと》さんは、**清廉潔白《せいれんけっぱく》**な人《ひと》だ。

例　あの政治家《せいじか》は、とても**清廉潔白《せいれんけっぱく》**とはいえない。

まめちしき

似《に》た意味《いみ》のことばに「青天白日《せいてんはくじつ》」があります。もとは、よく晴《は》れ渡《わた》った日《ひ》の太陽《たいよう》のことを指《さ》します。そこから、心《こころ》にやましいことがないことや、疑《うたが》いが晴《は》れることを表《あらわ》すようになりました。

［　　］に当《あ》てはまるものを選《えら》ぼう！

いったん役目《やくめ》を引《ひ》き受《う》けたからには、［　　］務《つと》めるつもりだ。

①誠心誠意《せいしんせいい》　②清廉潔白《せいれんけっぱく》

↓答《こた》えは47ページ

43ページの答《こた》え

②百人力《ひゃくにんりき》

18 正直《しょうじき》でまっすぐなことを表《あらわ》すことば

一語《いちご》で
正直《しょうじき》　率直《そっちょく》　素直《すなお》　ストレート

裏表《うらおもて》がない　慣用句

意味　どんな場合《ばあい》でも、表向《おもてむ》きと内心《ないしん》に食《く》い違《ちが》いがない様子《ようす》。

例　戸山《とやま》さんは**裏表《うらおもて》がなく**、いつも本音《ほんね》で接《せっ》してくれる。

例　素直《すなお》で**裏表《うらおもて》がない**ところが弟《おとうと》の長所《ちょうしょ》だ。

例　品川君《しながわくん》は、行《おこな》いが立派《りっぱ》で**裏表《うらおもて》がない**。

人《ひと》が見《み》ていても見《み》ていなくても、相手《あいて》が誰《だれ》でどんな状況《じょうきょう》でも、態度《たいど》が変《か》わることのない人《ひと》をいうよ。

歯《は》にきぬを着《き》せない　慣用句

意味　相手《あいて》を気《き》にせず、自分《じぶん》の思《おも》ったとおりにはっきり言《い》う様子《ようす》。

例　妹《いもうと》の**歯《は》にきぬを着《き》せない**発言《はつげん》に驚《おどろ》く。

例　市川《いちかわ》さんの**歯《は》にきぬを着《き》せない**物言《ものい》いは、はっきりとしていて気持《きも》ちがいい。

まめちしき

「歯《は》にきぬを着《き》せない」とは反対《はんたい》に、言《い》いたいことをはっきり言《い》わずにあいまいにする様子《ようす》を「奥歯《おくば》に物《もの》が挟《はさ》まったよう」といいます。

「きぬ」は、衣《い》服《ふく》のこと。漢字《かんじ》では「衣《きぬ》」と書《か》くよ。

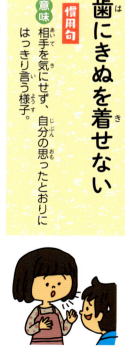

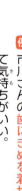

単刀直入《たんとうちょくにゅう》 四字熟語

意味 前置《まえお》きなしですぐに大切《たいせつ》な話《はなし》に入《はい》ること。

例 合唱《がっしょう》の練習《れんしゅう》を見《み》て、改善点《かいぜんてん》を**単刀直入《たんとうちょくにゅう》**に伝《つた》えた。

例 **単刀直入《たんとうちょくにゅう》**に言《い》って、君《きみ》の考《かんが》えはまちがっていると思《おも》う。

例 作品《さくひん》の感想《かんそう》を**単刀直入《たんとうちょくにゅう》**に述《の》べる。

まめちしき

「単刀《たんとう》」とは、一本《いっぽん》の刀《かたな》のこと。たった一人《ひとり》で、敵《てき》の中《なか》に切《き》り込《こ》んでいくことから、いきなりずばっと大切《たいせつ》な部分《ぶぶん》に迫《せま》ることを表《あらわ》します。

竹《たけ》を割《わ》ったよう 慣用句

意味 物事《ものごと》にこだわらず、さっぱりしている様子《ようす》。

例 水野《みずの》さんは、**竹《たけ》を割《わ》ったよう**にさっぱりとしている。

例 **竹《たけ》を割《わ》ったよう**な性格《せいかく》の花村君《はなむらくん》は、失敗《しっぱい》をしてもくじけない。

竹《たけ》に刃物《はもの》を入《い》れると縦《たて》にまっすぐに割《わ》れることから、このように表《あらわ》すよ。気持《きも》ちがいいほどまっすぐな性格《せいかく》の人《ひと》に使《つか》うとぴったりだね。

［　］に当《あ》てはまるものを選《えら》ぼう！

［　］言《い》い方《かた》で、問題点《もんだいてん》を指摘《してき》する。

① 竹《たけ》を割《わ》ったような　② 歯《は》にきぬを着《き》せない

→答《こた》えは49ページ

45ページの答《こた》え

① 誠心誠意《せいしんせいい》

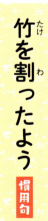

19 慎《しん》重《ちょう》なことを表《あらわ》すことば

一語《いちご》で
用心深《ようじんぶか》い　細心《さいしん》　念入《ねんい》り　手堅《てがた》い

石橋《いしばし》をたたいて渡《わた》る

ことわざ

意味　用心深《ようじんぶか》く物事《ものごと》を行《おこな》うことのたとえ。

例　島村《しまむら》さんは**石橋《いしばし》をたたいて渡《わた》る**ような人《ひと》で、失敗《しっぱい》するはずのない計画《けいかく》を何度《なんど》も見直《みなお》している。

例　コンクールに参加《さんか》するか何度《なんど》も何度《なんど》も検討《けんとう》を重《かさ》ねる中原《なかはら》さんは、**石橋《いしばし》をたたいて渡《わた》る**性格《せいかく》のもち主《ぬし》だ。

壊《こわ》れるはずのない丈夫《じょうぶ》な石《いし》の橋《はし》でも、大《だい》丈夫《じょうぶ》かどうかたたいて確《たし》かめてから渡《わた》る様子《ようす》から、用心深《ようじんぶか》いことをたとえていうことわざだよ。

念《ねん》には念《ねん》を入《い》れる

慣用句

意味　注意《ちゅうい》したうえにさらに注意《ちゅうい》して、慎重《しんちょう》に物事《ものごと》を行《おこな》う。

例　みんなに配《くば》るお菓子《かし》の数《かず》を、**念《ねん》には念《ねん》を入《い》れて**何度《なんど》も確認《かくにん》した。

例　忘《わす》れ物《もの》はないはずだが、**念《ねん》には念《ねん》を入《い》れて**もう一度《いちど》確認《かくにん》しよう。

相手《あいて》や自分《じぶん》に向《む》かって細心《さいしん》の注意《ちゅうい》をするように促《うなが》すときには、「念《ねん》には念《ねん》を入《い》れよ」というよ。

転《ころ》ばぬ先《さき》のつえ　ことわざ

意味 失敗《しっぱい》しないように、前《まえ》もって十分《じゅうぶん》に用心《ようじん》することが大切《たいせつ》だということ。

例 **転《ころ》ばぬ先《さき》のつえ**で、日頃《ひごろ》から防災用品《ぼうさいようひん》を整《ととの》えておくことが大切《たいせつ》だ。

例 **転《ころ》ばぬ先《さき》のつえ**で、いつもより三十分《さんじっぷん》早《はや》く出《で》かけた。

準備《じゅんび》の大切《たいせつ》さを表《あらわ》す似《に》た意味《いみ》のことばに、「備《そな》えあれば憂《うれ》いなし」があるよ。

英語《えいご》にチャレンジ Prevention is better than cure.　予防《よぼう》は治療《ちりょう》に勝《まさ》る。

急《いそ》がば回《まわ》れ　ことわざ

意味 急《いそ》ぐときは、遠回《とおまわ》りに見《み》えても安全《あんぜん》な方法《ほう》をとったほうがよいということ。

例 一度《いちど》に運《はこ》ぼうとして失敗《しっぱい》するより、**急《いそ》がば回《まわ》れ**で少《すこ》しずつ運《はこ》んだほうがよい。

例 **急《いそ》がば回《まわ》れ**というように、人《ひと》に聞《き》くより自分《じぶん》で調《しら》べたほうがしっかり身《み》につく。

急《いそ》いでいるときこそ、危険《きけん》をおかして近道《ちかみち》を行《い》くよりも、安全《あんぜん》な回《まわ》り道《みち》のほうが結局《けっきょく》は早《はや》く着《つ》くことが多《おお》いんだ。

英語《えいご》にチャレンジ Make haste slowly.　ゆっくり急《いそ》げ。

［　　］に当《あ》てはまるものを選《えら》ぼう！

［　　］で、面倒《めんどう》がらずにまずはしっかり基礎《きそ》を身《み》につけよう。

① 転《ころ》ばぬ先《さき》のつえ　② 急《いそ》がば回《まわ》れ

→答《こた》えは51ページ

47ページの答《こた》え
② 歯《は》にきぬを着《き》せない

20 徹《てっ》底《てい》していることを表《あらわ》すことば

一語《いちご》で
抜《ぬ》かりない　徹底的《てっていてき》　とことん

用意周到《よういしゅうとう》 四字熟語

意味 十分《じゅうぶん》に用意《ようい》され、手抜《てぬ》かりのない様子《ようす》。

例 用意周到《よういしゅうとう》な谷君《たにくん》は、キャンプ場《じょう》にいろいろな遊《あそ》び道具《どうぐ》を持《も》ってきていた。

例 旅先《たびさき》で時間《じかん》を無駄《むだ》にすることのないように、用意周到《よういしゅうとう》に計画《けいかく》を立《た》てる。

「準備万端《じゅんびばんたん》」ともいうね。

万全《ばんぜん》を期《き》す 慣用句

意味 少《すこ》しも手落《てお》ちがないようにする。

例 明日《あす》は修学旅行《しゅうがくりょこう》なので、万全《ばんぜん》を期《き》して早《はや》めに家《いえ》を出《で》よう。

例 劇《げき》の成功《せいこう》に向《む》けて、リハーサルを重《かさ》ねるなど準備《じゅんび》に万全《ばんぜん》を期《き》す。

一《ひと》つの手抜《てぬ》かりもないように、しっかりと備《そな》えることだね。

完《かん》膚《ぷ》無《な》きまで　慣用句

意味　無傷《むきず》のところがないほど、徹底的《てっていてき》に相手《あいて》を打《う》ちのめす様子《ようす》。

例　相手《あいて》チームの攻撃《こうげき》に、完膚無《かんぷな》きまでに打《う》ちのめされた。

例　討論会《とうろんかい》で、相手《あいて》グループの主張《しゅちょう》を完膚無《かんぷな》きまでに批判《ひはん》した。

「完膚《かんぷ》」とは、傷《きず》のないきれいな皮膚《ひふ》のことなんだよ。

達人《たつじん》ことば

徹《て》頭《とう》徹《てつ》尾《び》　四字熟語

意味　考《かんが》えなどが、初《はじ》めから終《お》わりまで変《か》わらない様子《ようす》。

例　クラスでトカゲを飼《か》うという案《あん》に、大石君《おおいしくん》は徹頭徹尾《てっとうてつび》反対《はんたい》し続《つづ》けている。

例　青木《あおき》さんは、徹頭徹尾《てっとうてつび》登場人物《とうじょうじんぶつ》になりきって、すばらしい朗読《ろうどく》を披露《ひろう》した。

「頭」は初《はじ》め、「尾」は終《お》わりを表《あらわ》すよ。初《はじ》めから終《お》わりまでずっと変《か》わらないことから、ずっと同《おな》じ態度《たいど》をとることを表《あらわ》すんだ。「終始一貫《しゅうしいっかん》」ともいうよ。

☐に当《あ》てはまるものを選《えら》ぼう！

招待客《しょうたいきゃく》に失礼《しつれい》がないように、☐に準備《じゅんび》する。

① 用意周到《よういしゅうとう》　② 完膚無《かんぷな》きまで

→答《こた》えは53ページ

49ページの答《こた》え

② 急《いそ》がば回《まわ》れ

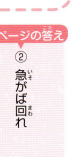

21 飽《あ》きっぽいことを表《あらわ》すことば

三日坊主《みっかぼうず》

四字熟語

意味 決《き》めたことが長続《ながつづ》きしないこと。飽《あ》きっぽいこと。また、そのような人《ひと》。

例 張《は》り切《き》って日記《にっき》をつけ始《はじ》めたが、三日坊主《みっかぼうず》で終《お》わった。

例 早寝早起《はやねはやお》きの習慣《しゅうかん》は、三日坊主《みっかぼうず》にならずに続《つづ》いている。

お坊《ぼう》さんが修行《しゅぎょう》の厳《きび》しさに耐《た》え切《き》れず、たった三日《みっか》ほどでやめてしまったことからできたことばなんだ。反対《はんたい》に、辛抱強《しんぼうづよ》く続《つづ》けることを「石《いし》の上《うえ》にも三年《さんねん》」というよ。

熱《ねっ》しやすく冷《さ》めやすい

慣用句

意味 すぐに熱中《ねっちゅう》するが、すぐに飽《あ》きて忘《わす》れる様子《ようす》。

例 姉《あね》は熱《ねっ》しやすく冷《さ》めやすいので、どんな習《なら》い事《ごと》も長続《ながつづ》きしない。

例 熱《ねっ》しやすく冷《さ》めやすい兄《あに》は、お気《き》に入《い》りの歌手《かしゅ》がすぐ変《か》わる。

熱《ねっ》するのも早《はや》いけれど、冷《さ》めるのも早《はや》い移《うつ》り気《ぎ》な人《ひと》のことだね。

一語《いちご》で

移《うつ》り気《ぎ》　散漫《さんまん》　怠慢《たいまん》　投《な》げやり

英語《えいご》にチャレンジ　Soon hot, soon cold. 熱《ねっ》しやすく冷《さ》めやすい。

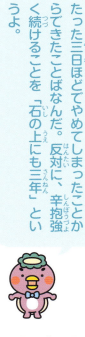

さじを投《な》げる 慣用句

意味 見込《みこ》みがないと諦《あきら》めて、手《て》を引《ひ》く。

例 パズルに挑戦《ちょうせん》したが、あっという間《ま》にさじを投《な》げてしまった。

例 弟《おとうと》は、問題《もんだい》が難《むずか》しいとすぐにさじを投《な》げてしまう。

例 妹《いもうと》に縄跳《なわと》びを教《おし》えていたが、少《すこ》しも練習《れんしゅう》しないので、とうとうさじを投《な》げた。

病気《びょうき》が治《なお》る見込《みこ》みがないと、医者《いしゃ》が薬《くすり》を調合《ちょうごう》するために使《つか》う「さじ」を放《ほう》り出《だ》してしまうことから、諦《あきら》めてしまうことに使《つか》うんだ。

手《て》を抜《ぬ》く 慣用句

意味 しなければいけないことをいい加減《かげん》にする。

例 掃除《そうじ》の手《て》を抜《ぬ》いて、先生《せんせい》に注意《ちゅうい》される。

例 細《こま》かいところまで手《て》を抜《ぬ》かずに描《か》き込《こ》んだ絵《え》が入賞《にゅうしょう》した。

まめちしき

飽《あ》きてしまって怠《なま》けたり他《ほか》のことをしたりする様子《ようす》を表《あらわ》す慣《かん》用句《ようく》には、次《つぎ》のようなものがあります。

油《あぶら》を売《う》る
意味 仕事中《しごとちゅう》などに話《はな》し込《こ》んだりして怠《なま》ける。
例 油《あぶら》を売《う》っていないで、宿題《しゅくだい》を終《お》わらせなさい。

道草《みちくさ》を食《く》う
意味 途中《とちゅう》で他《ほか》のことをして時間《じかん》を使《つか》う。
例 学校帰《がっこうがえ》りに道草《みちくさ》を食《く》ってしかられた。

★ ＿＿ に当《あ》てはまるものを選《えら》ぼう！

＿＿ ため、ぼくの工作《こうさく》はすぐに壊《こわ》れてしまった。

① さじを投《な》げた　② 手《て》を抜《ぬ》いた

↓答《こた》えは55ページ

51ページの答《こた》え

① 用意周到《よういしゅうとう》

22 頑《がん》固《こ》なことを表《あらわ》すことば

頭《あたま》が固《かた》い 慣用句

意味 自分《じぶん》の考《かんが》えにこだわっていて、その場《ば》の状況《じょうきょう》に合《あ》わせた柔軟《じゅうなん》な考《かんが》え方《かた》ができない様子《ようす》。

例 人《ひと》のアドバイスをなかなか受《う》け入《い》れようとしないなんて、弟《おとうと》は**頭《あたま》が固《かた》い**。

例 祖父《そふ》は少《すこ》し**頭《あたま》が固《かた》く**、今《いま》までのやり方《かた》を押《お》し通《とお》そうとする。

「頭《あたま》が固《かた》い」ことを「石頭《いしあたま》」ともいうね。反対《はんたい》の意味《いみ》のことばは「頭《あたま》が柔《やわ》らかい」だよ。

てこでも動《うご》かない 慣用句

意味 どのようなことをしても動《うご》かない様子《ようす》。また、どのように言《い》っても考《かんが》えを変《か》えない様子《ようす》。

例 弟《おとうと》は、一度《いちど》言《い》い出《だ》したら**てこでも動《うご》かない**。

例 本当《ほんとう》のことを聞《き》くまでは、この場《ば》を**てこでも動《うご》かない**つもりだ。

まめちしき

「てこ」とは、小《ちい》さな力《ちから》で重《おも》い物《もの》を動《うご》かす仕《し》かけのことです。てこを使《つか》っても、気持《きも》ちや場所《ばしょ》が動《うご》かないくらいかたくなな様子《ようす》を表《あらわ》します。

一語《いちご》で

強情《ごうじょう》　意固地《いこじ》　かたくな　いちず

一点張《いってんば》り

慣用句

意味 ある一《ひと》つのことだけを、かたくなに押《お》し通《とお》すこと。

例 何度《なんど》妹《いもうと》に尋《たず》ねても、知《し》らないの一点張《いってんば》りで答《こた》えようとしない。

例 写真《しゃしん》を撮《と》りたいと頼《たの》んだが、だめの一点張《いってんば》りだった。

例 挑戦者《ちょうせんしゃ》はチャンピオンに向《む》かって、強気《つよき》一点張《いってんば》りの発言《はつげん》を繰《く》り返《かえ》した。

まめちしき

「一点張《いってんば》り」とは、かけ事《ごと》で一《ひと》つのところにばかりかける（張《は》る）こと。そこから、一《ひと》つのことを押《お》し通《とお》すという意味《いみ》で使《つか》われるようになりました。

達人《たつじん》ことば

杓子定規《しゃくしじょうぎ》

四字熟語

意味 一《ひと》つの基準《きじゅん》にとらわれていて、その場《ば》の状況《じょうきょう》に合《あ》わせたやり方《かた》ができないこと。

例 対戦相手《たいせんあいて》が変《か》わっても、杓子定規《しゃくしじょうぎ》に同《おな》じ作戦《さくせん》を繰《く》り返《かえ》した。

例 いろいろな方法《ほうほう》があるのだから、そんなに杓子定規《しゃくしじょうぎ》に考《かんが》えることはない。

まめちしき

「杓子《しゃくし》」は、ご飯《はん》や汁《しる》をすくう道具《どうぐ》のことです。昔《むかし》は持《も》ち手《て》の部分《ぶぶん》が曲《ま》がっていて、それを無理《むり》やり定規《じょうぎ》の代《か》わりにするということから、一《ひと》つの基準《きじゅん》を押《お》し通《とお》すことを表《あらわ》すようになりました。

［　］に当《あ》てはまるものを選《えら》ぼう！

人《ひと》それぞれに考《かんが》えがあるので、［　］物事《ものごと》を判断《はんだん》するのはよくない。

① 一点張《いってんば》りに　② 杓子定規《しゃくしじょうぎ》に

→答《こた》えは57ページ

53ページの答《こた》え

② 手《て》を抜《ぬ》いた

23 強引《ごういん》なことを表《あらわ》すことば

一語《いちご》で

わがまま　強行《きょうこう》　強硬《きょうこう》　力《ちから》ずく

我《が》が強《つよ》い　慣用句

意味　自分《じぶん》の考《かんが》えを押《お》し通《とお》そうとする気持《きも》ちが強《つよ》い様子《ようす》。

例　このグループには**我《が》が強《つよ》い**人《ひと》が多《おお》く、意見《いけん》がまとまらない。

例　妹《いもうと》は**我《が》が強《つよ》く**、いつも自分《じぶん》の主張《しゅちょう》を押《お》し通《とお》そうとする。

「我《が》」は、自分自身《じぶんじしん》のことや自分勝手《じぶんかって》な考《かんが》えのことを表《あらわ》すよ。

押《お》しが強《つよ》い　慣用句

意味　自分《じぶん》の考《かんが》えをどこまでも押《お》し通《とお》そうとする様子《ようす》。

例　**押《お》しが強《つよ》い**山田君《やまだくん》は、自分《じぶん》の提案《ていあん》を通《とお》すことに成功《せいこう》した。

例　姉《あね》は**押《お》しが強《つよ》く**、誘《さそ》いを断《ことわ》るのに苦労《くろう》した。

自分《じぶん》の考《かんが》えを強《つよ》く押《お》し通《とお》して、相手《あいて》に一歩《いっぽ》も譲《ゆず》ろうとしない様子《ようす》だね。

有無《うむ》を言《い》わせず

慣用句

意味 相手《あいて》の気持《きも》ちを考《かんが》えず、無理《むり》やりにする様子《ようす》。

例 姉《あね》は、私《わたし》が読《よ》んでいた本《ほん》を、**有無《うむ》を言《い》わせず**取《と》り上《あ》げた。

例 母《はは》は毎晩《まいばん》九時《くじ》になると、**有無《うむ》を言《い》わせず**テレビを消《け》す。

「有無《うむ》」は了承《りょうしょう》することと断《ことわ》ること。「有無《うむ》を言《い》わせず」は、相手《あいて》にいいとも悪《わる》いとも言《い》わせないうちに無理《むり》に行《おこな》うことだよ。「有無《うむ》を言《い》わさず」ともいうね。

問答無用《もんどうむよう》

四字熟語

意味 議論《ぎろん》しても、何《なん》の役《やく》にも立《た》たないこと。

例 羽根《はね》つきで負《ま》け、**問答無用《もんどうむよう》**で顔《かお》に墨《すみ》を塗《ぬ》られた。

例 大掃除《おおそうじ》の分担《ぶんたん》を**問答無用《もんどうむよう》**でくじ引《び》きで決《き》めた。

例 **問答無用《もんどうむよう》**、すぐに出発《しゅっぱつ》しなさい。

議論《ぎろん》もせずに無《む》理《り》やり行《おこな》うことを表《あらわ》しているよ。

［　　］に当《あ》てはまるものを選《えら》ぼう！

毎朝六時《まいあさろくじ》になると、兄《あに》に［　　］起《お》こされる。

① 押《お》しが強《つよ》く　② 問答無用《もんどうむよう》で

↓答《こた》えは59ページ

55ページの答《こた》え

② 杓子定規《しゃくしじょうぎ》に

24 勝手《かって》でずうずうしいことを表《あらわ》すことば

傍若無人《ぼうじゃくぶじん》

四字熟語　故事成語

意味 周《まわ》りに人《ひと》がいないかのように、遠慮《えんりょ》をせず、勝手気《かってき》ままにふるまう様子《ようす》。

例 周《まわ》りの迷惑《めいわく》を考《かんが》えずに、傍若無人《ぼうじゃくぶじん》にふるまう。

例 友達《ともだち》の傍若無人《ぼうじゃくぶじん》な態度《たいど》をたしなめる。

「傍《かたわ》らに人無《ひとな》きが若《ごと》し」とも読《よ》むよ。

面《つら》の皮《かわ》が厚《あつ》い

慣用句

意味 恥知《はじし》らずでずうずうしい。厚《あつ》かましい。

例 遅刻《ちこく》をしても平気《へいき》な様子《ようす》で現《あらわ》れるなんて、吉田君《よしだくん》は面《つら》の皮《かわ》が厚《あつ》い。

例 借《か》りた本《ほん》を返《かえ》さないうちにまた借《か》りに来《く》るとは、面《つら》の皮《かわ》が厚《あつ》い人《ひと》だ。

まめちしき

同《おな》じ意味《いみ》のことばに、「鉄面皮《てつめんぴ》」があります。鉄《てつ》でできた面《つら》の皮《かわ》という意味《いみ》で、恥《は》ずかしいことなどがあっても表情《ひょうじょう》が変《か》わらないことを表《あらわ》します。

一語《いちご》で

図太《ずぶと》い　ふてぶてしい　厚《あつ》かましい

達人《たつじん》ことば

厚顔無恥《こうがんむち》 四字熟語

意味 厚《あつ》かましく恥知《はじし》らずなこと。

例 ルールを破《やぶ》っても気《き》にならないなんて、厚顔無恥《こうがんむち》もはなはだしい。

例 白々《しらじら》しいうそをまだつき通《とお》そうとするとは、そんな厚顔無恥《こうがんむち》なことではいけない。

「厚顔《こうがん》」は顔《かお》の皮《かわ》が厚《あつ》いこと、「無恥《むち》」は恥《はじ》を知《し》らないことだよ。

達人《たつじん》ことば

我田引水《がでんいんすい》 四字熟語

意味 自分《じぶん》の都合《つごう》のいいように、言《い》ったりしたりすること。

例 自分《じぶん》が必《かなら》ず勝《か》てるようなルールを提案《ていあん》したのでは、我田引水《がでんいんすい》といわれても仕方《しかた》がない。

例 兄《あに》には我田引水《がでんいんすい》なところがあり、自分《じぶん》に都合《つごう》のいいように解釈《かいしゃく》することが多《おお》い。

まめちしき

「我田引水《がでんいんすい》」は、「自分《じぶん》の田《た》だけに水《みず》を引《ひ》く」ということから、他人《たにん》のことを考《かんが》えずに、自分《じぶん》に有利《ゆうり》になるようにふるまうことを表《あらわ》しています。

英語《えいご》にチャレンジ

Every miller draws water to his own mill.

粉屋《こなや》は誰《だれ》でも自分《じぶん》の製粉所《せいふんじょ》へ水《みず》を引《ひ》く。

□に当《あ》てはまるものを選《えら》ぼう！

自分《じぶん》の失敗《しっぱい》を人《ひと》のせいにして知《し》らん顔《かお》をしている。□とはこのことだ。

① 厚顔無恥《こうがんむち》　② 傍若無人《ぼうじゃくぶじん》

→答《こた》えは61ページ

57ページの答《こた》え

② 問答無用《もんどうむよう》で

25 いばっていることを表《あらわ》すことば

大《おお》きな顔《かお》をする 慣用句

意味 自分《じぶん》が偉《えら》い人間《にんげん》であるかのような、いばった態度《たいど》をとる。

例 いつもは大《おお》きな顔《かお》をしているが、いざというときには頼《たよ》りにならない。

例 彼《かれ》は係《かかり》の仕事《しごと》を怠《なま》けてばかりいるのに、クラスで大《おお》きな顔《かお》をしている。

似《に》た意味《いみ》のことばに「我《わ》が物顔《ものがお》」があるよ。まるで自分《じぶん》だけの物《もの》であるかのようにふるまうことで、「校内《こうない》を我《わ》が物顔《ものがお》で歩《ある》く。」などと使《つか》うよ。

高飛車《たかびしゃ》に出《で》る 慣用句

意味 相手《あいて》を無理《むり》に押《お》さえつけるような、いばった態度《たいど》をとる。

例 彼女《かのじょ》は、議論《ぎろん》になると相手《あいて》に対《たい》して高飛車《たかびしゃ》に出《で》ることがある。

例 相手《あいて》が下級生《かきゅうせい》だからといって、高飛車《たかびしゃ》に出《で》るのはよそう。

将棋《しょうぎ》で、駒《こま》の一《ひと》つである飛車《ひしゃ》を使《つか》って相手《あいて》を押《お》さえつける「高飛車《たかびしゃ》」という戦法《せんぽう》があるよ。そこから、いばった態《たい》度《ど》を表《あらわ》すようになったんだ。

一語《いちご》で

横《おう》へい　傲慢《ごうまん》　尊大《そんだい》　威圧的《いあつてき》

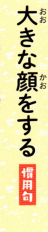

虎《とら》の威《い》を借《か》るきつね

ことわざ　故事成語

意味　実力《じつりょく》がないのに、偉《えら》い人《ひと》の力《ちから》を借《か》りていばっている人《ひと》のたとえ。

例　兄《あに》が児童会長《じどうかいちょう》だというだけでいばっている谷川《たにがわ》君《くん》は、**虎《とら》の威《い》を借《か》るきつね**だ。

例　優勝者《ゆうしょうしゃ》が知《し》り合《あ》いだからとあんなにいばっていては、**虎《とら》の威《い》を借《か》るきつね**といわれても当然《とうぜん》だ。

まめちしき

キツネ自身《じしん》には力《ちから》がないのに、トラを後《うし》ろにして歩《ある》いたことで、他《ほか》の動物《どうぶつ》が恐《おそ》れて逃《に》げ出《だ》したという話《はなし》からできたことばです。

英語《えいご》にチャレンジ　An ass in a lion's skin. ライオンの皮《かわ》をかぶったロバ。

幅《はば》を利《き》かせる

慣用句

意味　思《おも》いのままに勢力《せいりょく》をふるう。いばる。

例　運動部《うんどうぶ》の集《あつ》まりでは、実力《じつりょく》のある野球部《やきゅうぶ》が**幅《はば》を利《き》かせて**いる。

例　以前《いぜん》は一部《いちぶ》の上級生《じょうきゅうせい》が**幅《はば》を利《き》かせて**いたが、最近《さいきん》はみんなで仲良《なかよ》くしている。

他《ほか》の人《ひと》が勝手《かって》をしないように押《お》さえつけることを表《あらわ》す「にらみを利《き》かせる」ということばもあるよ。

［　　］に当《あ》てはまるものを選《えら》ぼう！

口《くち》げんかの最中《さいちゅう》、思《おも》わず相手《あいて》に［　　］しまった。

① 高飛車《たかびしゃ》に出《で》て　② 幅《はば》を利《き》かせて

↓答《こた》えは63ページ

59ページの答《こた》え

① 厚顔無恥《こうがんむち》

た行《ぎょう》

太鼓判《たいこばん》を押《お》す …… 32
泰然自若《たいぜんじじゃく》 …… 37
大胆不敵《だいたんふてき》 …… 38
高飛車《たかびしゃ》に出《で》る …… 60
竹《たけ》を割《わ》ったよう …… 47
太刀《たち》打《う》ちできない …… 23
頼《たの》みの綱《つな》 …… 42
短気《たんき》は損気《そんき》 …… 34
単刀直入《たんとうちょくにゅう》 …… 47
粒《つぶ》が揃《そろ》う …… 21
粒揃《つぶぞろ》い …… 21
面《つら》の皮《かわ》が厚《あつ》い …… 58
てこでも動《うご》かない …… 54
徹頭徹尾《てっとうてつび》 …… 51
鉄面皮《てつめんぴ》 …… 58
手《て》を抜《ぬ》く …… 53
天下無敵《てんかむてき》 …… 40
天真爛漫《てんしんらんまん》 …… 12
頭角《とうかく》を現《あらわ》す …… 27
東奔西走《とうほんせいそう》 …… 31
飛《と》ぶ鳥《とり》を落《お》とす勢《いきお》い …… 28
虎《とら》の威《い》を借《か》るきつね …… 61

な行《ぎょう》

長《なが》い目《め》で見《み》る …… 35
流《なが》れに棹《さお》さす …… 29
泣《な》く子《こ》も黙《だま》る …… 41
何食《なにく》わぬ顔《かお》 …… 37
波《なみ》に乗《の》る …… 28
名《な》をあげる …… 30
名《な》を成《な》す …… 30
名《な》をはせる …… 30
にらみを利《き》かせる …… 61
熱《ねっ》しやすく冷《さ》めやすい …… 52
念《ねん》には念《ねん》を入《い》れよ …… 48
念《ねん》には念《ねん》を入《い》れる …… 48

は行《ぎょう》

歯《は》が立《た》たない …… 23
箔《はく》がつく …… 33
破竹《はちく》の勢《いきお》い …… 29
歯《は》にきぬを着《き》せない …… 46
幅《はば》を利《き》かせる …… 61
腹《はら》が据《す》わる …… 38
万全《ばんぜん》を期《き》す …… 50
びくともしない …… 36
人目《ひとめ》につく …… 25
人目《ひとめ》を引《ひ》く …… 25
非《ひ》の打《う》ち所《どころ》がない …… 22
百戦錬磨《ひゃくせんれんま》 …… 41
百人力《ひゃくにんりき》 …… 43
品行方正《ひんこうほうせい》 …… 44
懐《ふところ》が深《ふか》い …… 14
傍若無人《ぼうじゃくぶじん》 …… 58

ま行《ぎょう》

股《また》にかける …… 31
磨《みが》きがかかる …… 27
磨《みが》きをかける …… 27
右《みぎ》に出《で》る者《もの》がない …… 23
道草《みちくさ》を食《く》う …… 53
三日坊主《みっかぼうず》 …… 52
耳《みみ》に残《のこ》る …… 25
明朗快活《めいろうかいかつ》 …… 12
眼鏡《めがね》にかなう …… 32
目《め》から鼻《はな》へ抜《ぬ》ける …… 19
目《め》につく …… 25
目《め》に焼《や》きつく …… 25
目《め》を奪《うば》われる …… 24
物《もの》おじしない …… 39
物《もの》ともせず …… 36
文句《もんく》なし …… 22
問答無用《もんどうむよう》 …… 57

や行《ぎょう》

融通《ゆうずう》が利《き》かない …… 17
融通《ゆうずう》が利《き》く …… 17
融通《ゆうずう》を利《き》かせる …… 17
悠々自適《ゆうゆうじてき》 …… 34
用意周到《よういしゅうとう》 …… 50
要領《ようりょう》がいい …… 19

ら行《ぎょう》

臨機応変《りんきおうへん》 …… 16
冷静沈着《れいせいちんちゃく》 …… 37

わ行《ぎょう》

我《わ》が物顔《ものがお》 …… 60

索《さく》引《いん》

12～61ページで紹介《しょうかい》していることばを，五十音順《ごじゅうおんじゅん》に並《なら》べています。
見出《みだ》し語《ご》には，🍃のマークをつけています。

あ行《ぎょう》

🍃あしたはあしたの風《かぜ》が吹《ふ》く …… 35
🍃足元《あしもと》にも及《およ》ばない …… 23
頭《あたま》が固《かた》い …… 16
🍃頭《あたま》が固《かた》い …… 54
🍃頭《あたま》が切《き》れる …… 18
🍃頭《あたま》が柔《やわ》らかい …… 16
頭《あたま》が柔《やわ》らかい …… 54
頭《あたま》の回転《かいてん》が速《はや》い …… 18
油《あぶら》を売《う》る …… 53
🍃異彩《いさい》を放《はな》つ …… 20
石《いし》の上《うえ》にも三年《さんねん》 …… 52
🍃石橋《いしばし》をたたいて渡《わた》る …… 48
🍃急《いそ》がば回《まわ》れ …… 49
🍃痛《いた》くもかゆくもない …… 36
🍃板《いた》につく …… 26
🍃一《いち》を聞《き》いて十《じゅう》を知《し》る …… 19
🍃一騎当千《いっきとうせん》 …… 41
🍃一点張《いってんば》り …… 55
🍃器《うつわ》が大《おお》きい …… 14
🍃打《う》てば響《ひび》く …… 18
🍃腕《うで》を上《あ》げる …… 26
腕《うで》を落《お》とす …… 26
有無《うむ》を言《い》わさず …… 57
🍃有無《うむ》を言《い》わせず …… 57
🍃裏表《うらおもて》がない …… 46
🍃縁《えん》の下《した》の力持《ちからも》ち …… 42
追《お》い風《かぜ》を受《う》ける …… 28
🍃大《おお》きな顔《かお》をする …… 60
🍃大船《おおぶね》に乗《の》ったよう …… 43
奥歯《おくば》に物《もの》が挟《はさ》まったよう …… 46
🍃押《お》しが強《つよ》い …… 56
🍃押《お》しも押《お》されもしない …… 31
押《お》しも押《お》されもせぬ …… 31
お墨《すみ》つき …… 33
🍃鬼《おに》に金棒《かなぼう》 …… 40
🍃折《お》り紙《がみ》つき …… 33
折《お》り目正《めただ》しい …… 44
🍃温厚篤実《おんこうとくじつ》 …… 15

か行《ぎょう》

🍃我《が》が強《つよ》い …… 56
🍃我田引水《がでんいんすい》 …… 59
🍃完全無欠《かんぜんむけつ》 …… 22
🍃完膚無《かんぷな》きまで …… 51
🍃気《き》が長《なが》い …… 34
🍃気立《きだ》てがいい …… 15
🍃機転《きてん》が利《き》く …… 17
機転《きてん》を利《き》かせる …… 17
気前《きまえ》がいい …… 15
🍃肝《きも》が据《す》わる …… 38
🍃脚光《きゃっこう》を浴《あ》びる …… 30
🍃釘《くぎ》づけになる …… 24
🍃くったくがない …… 13
🍃群《ぐん》を抜《ぬ》く …… 20
🍃厚顔無恥《こうがんむち》 …… 59
🍃公明正大《こうめいせいだい》 …… 45
心《こころ》を奪《うば》われる …… 24
🍃転《ころ》ばぬ先《さき》のつえ …… 49
怖《こわ》いもの知《し》らず …… 38
怖《こわ》いものなし …… 38

さ行《ぎょう》

🍃さじを投《な》げる …… 53
🍃杓子定規《しゃくしじょうぎ》 …… 55
自由闊達《じゆうかったつ》 …… 13
終始一貫《しゅうしいっかん》 …… 51
自由自在《じゆうじざい》 …… 13
🍃自由奔放《じゆうほんぽう》 …… 13
準備万端《じゅんびばんたん》 …… 50
順風満帆《じゅんぷうまんぱん》 …… 28
🍃心臓《しんぞう》が強《つよ》い …… 39
🍃涼《すず》しい顔《かお》 …… 37
スポットライトを浴《あ》びる …… 30
🍃隅《すみ》に置《お》けない …… 21
🍃誠心誠意《せいしんせいい》 …… 44
正々堂々《せいせいどうどう》 …… 45
せいては事《こと》を仕損《しそん》じる …… 34
青天白日《せいてんはくじつ》 …… 45
🍃清廉潔白《せいれんけっぱく》 …… 45
千人力《せんにんりき》 …… 43
備《そな》えあれば憂《うれ》いなし …… 49

61ページの答《こた》え　① 高飛車《たかびしゃ》に出《で》て

監修　髙木まさき（たかぎまさき）
横浜国立大学大学院教授。専門は国語教育学。著書に『「他者」を発見する国語の授業』（大修館書店）、『情報リテラシー　言葉に立ち止まる国語の授業』（編著　明治図書出版）、『国語科における言語活動の授業づくり入門』（教育開発研究所）などがある。

森山卓郎（もりやまたくろう）
早稲田大学文学学術院教授・京都教育大学名誉教授。専門は日本語学。著書に『日本語・国語の話題ネタ』（編著　ひつじ書房）、『国語教育の新常識』（共著　明治図書出版）、『コンパクトに書く国語科授業モデル』（編著　明治図書出版）、『コミュニケーションの日本語』（岩波ジュニア新書）、『日本語の〈書き〉方』（岩波ジュニア新書）などがある。

編集　青山由紀（あおやまゆき）
筑波大学附属小学校教諭。著書に『青山由紀の授業　「くちばし」「じどう車くらべ」「どうぶつの赤ちゃん」全時間・全板書』（東洋館出版社）、『子どもを国語好きにする授業アイデア』（学事出版）、『こくごの図鑑』（小学館）、『古典が好きになる―まんがで見る青山由紀の授業アイデア10』（光村図書出版）などがある。

- 装丁・デザイン　有限会社　熊アート
- DTP　株式会社　明昌堂
- イラスト　イケウチリリー　池田蔵人　イチカワエリ　大金丈二　くどうのぞみ　近藤真里絵（有限会社　熊アート）　すざ木しんぺい　野田節美　間山マミー
- 執筆協力　石川夏子　長竹千晶　株式会社　エイティエイト
- 編集協力　株式会社　童夢

参考資料
『明鏡ことわざ成句使い方辞典』（大修館書店）、『用例でわかることわざ辞典　改訂第2版』（学研教育出版）、『講談社類語辞典』（講談社）、『三省堂故事ことわざ・慣用句辞典　第二版』（三省堂）、『例解学習類語辞典』（小学館）、『例解慣用句辞典』（創拓社出版）

光村の国語　場面でわかる！ことわざ・慣用句・四字熟語の使い分け❶
人がら編 ―性格・評価―

2018年11月9日　第1刷発行

監修	髙木まさき　森山卓郎
編集	青山由紀
発行者	安藤雅之
発行所	光村教育図書株式会社 〒141-0031　東京都品川区西五反田2-27-4 TEL 03-3779-0581（代表） FAX 03-3779-0266 http://www.mitsumura-kyouiku.co.jp/
印刷	株式会社　精興社
製本	株式会社　ブックアート

ISBN978-4-89572-974-1　C8081　NDC814
64p　27×22cm

Published by Mitsumura Educational Co., Ltd. Tokyo, Japan
本書の無断複写（コピー）は，著作権法上での例外を除き禁止されています。
落丁本・乱丁本は，お手数ながら小社製作部宛てお送りください。送料は小社負担にてお取替えいたします。

波に乗る